민족 기업인 유일한은
독립운동가였다

초판 1쇄 발행 : 2017년 8월 30일

지은이 김시우
펴낸이 김희재
책임편집 조민욱
기획편집 박혜림
디자인 박마리아

펴낸곳 ㈜올댓스토리
출판등록 2009년 11월 23일 제2011-000180호
주소 서울시 강남구 영동대로122길 15, 클레어홀딩스 빌딩 4층 (삼성동)
문의 02-564-6922
팩스 02-766-6922
이메일 master@allthatstory.co.kr
홈페이지 www.allthatstory.co.kr
ISBN 979-11-950358-8-5

(c) ㈜유한양행
서울특별시 동작구 노량진로 74 / 02-828-0181 / www.yuhan.co.kr

민족 기업인
유일한은
독립운동가
였다

김시우 지음

올댓스토리

차례

저자서문 • 6

제1장 미주는 독립운동의 요람

1 일제 패망과 독립군 특수작전 무산 • 19
2 미주지역의 독립운동 • 23
3 중일전쟁 이후 미주지역 한인 독립운동 • 26
4 재미한족연합위원회 발족 • 29
5 미주지역의 독립운동 계열 • 35
6 미 육군 전략정보국 OSS, 한인 군사지원 • 40
7 미주지역의 한인사회 • 52

제2장 미주대륙에 던져진 밀알

1 유일한의 가계 • 61
2 아버지 유기연과 남강 이승훈 • 65
3 물기 없는 사막에 뿌리내린 기적 • 75
4 박용만의 한인소년병학교에 입교 • 82
5 둥지를 떠나다 • 95

6 대학시절에 터득한 사업수완 • 101

　　7 미주지역 대한인국민회 창설 • 106

제3장 민족의 독립이 기업경영의 목표

　　1 유일한과 한인자유대회 • 119

　　2 조국을 생각하는 경영인 • 134

　　3 첫 고국 방문과 통역 예동식 • 138

　　4 영구 귀국을 결심하다 • 141

　　5 유일한의 2차 도미 • 149

　　6 해외한족대회 • 156

　　7 유일한과 맹호군 창설 • 162

제4장 항일운동에 온몸을 던지다

　　1 임시정부와 재미한족연합회 • 173

　　2 한족연합위원회와 워싱턴 사무소 • 182

　　3 유일한과 민족경제 • 187

　　4 유일한과 태평양문제조사회 IPR • 190

　　5 태평양전쟁 비망록 • 194

　　6 광복군과 OSS 중국지부 • 198

　　7 유일한과 OSS의 냅코작전 • 208

참고서적 • 216

저자 서문

「최선을 다한 오늘은 어제를 행복의 꿈으로 만들며 내일을 희망의 비전으로 바꾸어 놓는다.」 이는 나라 사랑의 큰 뜻과 실천 의지로 일생을 올곧고 경건하게 살아온 유일한이 즐겨 쓰는 금언이다.

구한말 개화기의 민족상인들을 신상紳商이라 한다. 이들은 단순한 장사치와는 달리 뜻 있는 상인으로 개인이나 가족의 안일한 생활만을 위해서가 아니라 빼앗긴 국권을 회복하고 민족을 부강케 하는데 이바지하고자 하는 상인들이다. 그 중에 가장 추앙 받는 대표적인 인물이 남강 이승훈이며, 유기연도 신상 중 한 사람이다.

일제 식민통치 하에서 민족기업 유한양행을 창설한 유일한은 신상 유기연의 아들이다. 그의 기업 경영의 첫째 목표는 민족의 자주 독립이었고 기업 이윤은 그 다음이었다. 엄밀하게 말한다면 유일한은 기업인이기에 앞서 독립운동가였다. 실제로 그는 1938년 유한양행의 사세가 한창 세계로 뻗어갈 때 돌연 미국으로 건너갔다. 당시 미주지역의 독립운동 단체들은 서로 분열되어 갈등과 대립이 심하였다. 유일한은 그곳에 가서 이를 통합하는 연합운동을 전개했던 것이다. 연합을 해야 독립운동의 효과는 물론 미주한인들을 단결시킬 수 있다는 신념과 확신이 있었기 때문에 도미한 것이다. 그는 1941년 46세 때 하와이에서 열린 해외 한족대회 집행위원으로 그 일에 전념하기 위해 유한양행을 유한상사 주식회사로 바꾸고 사장직을 유명한에게 넘겼다.

이듬해인 1942년 미육군 전략정보국OSS 한국담당 고문으로 있으면서 LA에서 재미한인들로 무장한 맹호군 창설의 주역으로 활약했다. 그는 50세인 1945년 초 국토수복작전인 냅코작전NAPKO Project 의 제1조 조장으로 공작원 훈련FEU 까지 받았다. 그 당시 중경 임시정부 광복군 제2지대는 은밀하게 미 OSS와 연합하여 독수리작전 계획을 추진하여 냅코작전과 양면전을 전개하려는 만반의 준비를 갖추고 맥아더 사령부의 허가와 작전 명령만 기다리고 있었다. 그런 가운데 일본의 갑작스런 항복으로 냅코작전 계획은 불발되고 말았다.

그러나 이러한 일들은 스스로의 목숨과 기업의 파산까지 각오하지 않고서는 할 수 없는 일이다. 즉 투철한 국가관과 애국적 신념이 없고는 엄두도 못 낼 일이었다. 이로 보면 그의 기업 경영의 본뜻은 결국 독립운동의 한 방략이라 해도 과언이 아니다.

유일한이 서거하자 이 나라 모든 언론들은 '절대 정직과 절대 성실을 좌우명으로 의義에 살고 정正으로 죽은 분', '번 돈을 사회에 되갚고 간 실업인의 귀감', '유한의 신화를 남기고 간 고결한 기업신사', '주식공개의 표본이 된 민족 기업인' 등 최대의 찬사로 표제를 뽑았다.

1904년 아홉 살의 어린 나이로 미국에 던져진 그는 청소부, 심부름

꾼, 신문배달, 구두닦이 등 고학으로 대학까지 졸업하였다. 대학졸업반이었던 1919년 필라델피아에서 열린 한인자유대회에 대의원으로 이승만·서재필 등 애국인사들과 함께 참가하여 결의문 기초위원으로 뽑혔다. 유일한은 세계에 한국민의 자주 독립을 호소하는 결의문을 짓고 이를 낭독하였다.

유일한은 당시 한국민에 대한 일본의 본격적인 수탈 정책으로 가난과 질병이 극도에 이르고 무지가 정책적으로 권장된 시대에서 국민들이 질병을 극복하고 무지에서 벗어날 수 있도록 제약회사를 설립하고 학교를 세웠다. 건강한 국민이어야 나라를 지킬 수 있으며 무지에서 벗어나야 민족이 발전할 수 있다는 신념에서 제약 사업과 교육 사업을 병행한 것이다.

그는 소년기와 청년기를 미국에서 보내며 자본주의 정신을 배우고 이를 실천하는 기업인으로 성장했다. 그가 배운 자본주의는 근면·성실이 첫 걸음이며 궁극적인 목적을 전 인류가 다 같이 평화롭고 부유하게 그리고 가치 있는 삶을 이어가는 청교도 정신을 바탕에 깔고 있었다. 우리 민족이 일제의 포악한 식민지 지배로 자유를 잃고 빈곤하게 살고 있으니 이를 구제하는 것이 지상 목표이며 그것이 바로 자본주의 정신과 상통한다고 믿었다.

기업은 나라와 민족의 것이고 국민 소유라는 신념이 확고하였다. 따라서 그는 일제 식민지로부터 벗어나는 민족의 독립을 기업 경영의 목표로 삼았다.

그는 국내 굴지의 대기업 대표이면서도 목숨을 담보하지 않고서는 할 수 없는 냅코작전으로 명명되는 국내 침투 특공대를 자원하여 공작원 훈련까지 받았는데 그때 그의 나이 50이었다. 애국심이 아니고서 이를 무엇으로 설명할 수 있겠는가?

그는 이 땅을 떠날 때도 인간이 발휘할 수 있는 가장 고결한 빛을 밝혔다. 전 재산을 사회에 환원하고 아들에게는 한 푼의 유산 상속도 없었다. 유한양행 임직원들은 사보 『유경柳鏡』에 다음과 같은 헌시獻詩로 그를 영결했다.

> 압제받던 민족에게 용기를
> 질병 속의 백성에게 생명의 약을
> 봉사에 타는 피와
> 희생에 사는 정신
> 그렇게 타던 횃불이 꺼지다니
> ─중략─
> 그 불빛 영원토록 빛나리
> 햇빛보다 밝은 빛으로

유일한이 조국이나 민족을 생각하게 된 것은 대학에 들어간 이후 세계정세에 눈을 뜨기 시작하면서부터였다. 자유주의·합리주의를 기본원칙으로 하는 자본주의가 지금까지의 인류 역사상 가장 완미完美한 사회임에는 틀림없다. 하지만 자본주의의 또 하나의 속성인 개인주의는 그것이 인본적인 사회윤리를 동반하지 못하면 사리사욕만 추구하는 이기주의로 타락하여 약육강식의 추악한 경쟁주의로 변한다는 것도 대학에서 터득하였다.

그는 청소년기를 미국에서 보냈고, 그곳에서 공부하고 사업체까지 갖고 있었으나 그는 미국인은 아니었다. 그는 고국에 부모형제가 있고 아버지의 출생지인 경북 예천군 지보면 대죽리와 그 조상의 첫 정착지인 용문면 구계리에는 선영이 있어서 고향에 대한 관심과 애정이 있었던 것 같다.

1950년대의 지보 신풍초등학교에는 매학기 초, 유한양행에서 보내는 학용품이 전교생에게 전달되었다고 한다. 민족기업인으로 더 알려진 독립운동가 유일한에게 고향 이야기는 어울리지 않을 수도 있다. 하지만 그의 고향이 늘 평양으로 되어있었는데, 정확히 말하면 평양은 출생지고, 뿌리인 본향本鄉은 경북 예천이라는 것을 밝히기 위해 사족을 붙였다. 유일한은 그 스스로 삶의 우선순위는 국가, 교육, 기업, 가정이라고 밝힌 바 있다. 그러나 그의 교육사업과 기업 경영은 나라 사랑의 한 방편일 뿐이었다.

이와 같이 그의 삶 속에는 민족의 자주 독립이라는 고갱이가 늘 자리 잡고 있었던 것이다.

저자 은산殷山 김시우

Newllhan

제 **1** 장

미주는 독립운동의 요람

일러두기

- 성씨 '柳'의 표기에 대해, 기본적으로 '진주류씨'의 표기에 따랐다.
- '유일한'의 경우, 오랫동안 '유'로 표기하였고, 고유명사처럼 사용되어왔다. 이에 유일한을 포함하여 유기연, 유일선, 유재라는 '유'로 표기하였다.

PART 01

일제 패망과 독립군 특수작전 무산

"아! 왜적이 항복이라니!"

일본의 패망 소식을 접한 백범 김구의 절망적인 탄성이었다.

"네 소원이 무엇이냐?" 하고 하느님이 물으시면 나는 서슴지 않고 "내 소원은 대한 독립이오." 하고 대답할 것이다. 그 다음 소원은 무엇이냐 하면 나는 또 "우리나라의 독립이오." 할 것이다. 또 다음 소원이 무엇이냐? 하고 세 번째 물음에도 나는 더욱 소리 높여 "나의 소원은 우리나라 대한의 완전한 자주독립이오." 하고 대답

▼ 대한민국임시정부주석 김구(1944. 9. 6).

할 것이다.

이는 백범 김구의 일생을 통한 간절한 소망이었다. 그런데 그 소망이 성취될 수 있는 절호의 기회인 일본의 패망 소식에 왜 백범은 실망했을까? 일본의 패망 소식에 만감이 교차하는 좌절감을 느낀 또 한 사람이 있었으니 이 사람은 곧 미주지역의 독립운동가 유일한柳—韓이었다. 이들에게 1945년 8월 15일 갑작스런 일본의 패망 소식은 희소식이 아니라 오히려 하늘이 무너지고 땅이 꺼지는 좌절과 실망감을 안겨주었다.

백범은 미국의 전략정보국 OSS와 연계하여 중국에서 한인들을 첩보와 게릴라 등 적후敵後 공작의 특수훈련으로 무장시켜 한국 내로 진출시키려는 이른바 독수리작전을 눈앞에 두고 있었다. 또한 미주지역 워싱턴 본부에서도 미국 OSS가 재미한인을 한국 내에 침투시키려는 냅코NAPKO 작전을 추진 중이었다. 유일한은 이 특수공작대에 1945년 1월 6일에 입대하여 2월 2일부터 공작원 훈련FEU 을 받고 작전명령만 기다리고 있던 중 일본이 패망하여 그 계획이 모두 좌절되고 말았다. 백범의 실망과 탄식은 임시정부가 천신만고 끝에 미·중과 군사적 연대를 이룩하여 연합군의 일원으로 참여할 수 있는 기회를 상실하였기 때문일 것이다.

이로 인하여 우리 민족의 해방은 연합군의 승리로 인해 저절로 이루어지게 된 결과가 되었다. 이는 결국 독립된 자주국가 건설에 있어 우리의 발언권이 약해지거나 혹은 상실되고, 연합국인 강대국의 이해관계로 민족의 운명이 좌우될 것에 대한 불안과 염려를 낳았다. 그리고 외세에 의한 민족 내의 갈등과 비극을 예감했기 때문에 그들은 실망하고 좌절했던 것이다. 그 후 백범의 불안과 염려는 현실이 되어 나타나고 말았다.

한국독립운동의 특징 중 하나는 시간적으로 1894년 의병봉기로부터 1945년 해방에 이르기까지 50년이나 이어온 지속성과 공간적으로 세계성을 띠고 있다는 것이다. 우리 민족의 독립운동은 초기부터 국내에 한정되지 않았다. 이상설 李相卨은 만주 용정에서, 유인석 柳麟錫, 이범윤 李範允, 최재형 崔在亨, 안중근 安重根 등은 연해주에서, 김구 金九가 참가한 김이언 金利彦의 강계의병은 만주 삼도구 三道溝에서 결성되었다. 1903년부터 미주에 이민 또는 망명에 의한 동포사회가 형성되면서 1908년 장인환 張仁煥, 전명운 田明雲의 스티븐스 처단, 1909년 박용만 朴容萬의 네브래스카 소년병학교 설치, 안창호 安昌浩의 공립협회와 장경 張景의 대동보국회가 통합된 대한인국민회와 이승만의 동지회, 한길수 韓吉洙의 중한민중동맹단 中韓民衆同盟團과 선민족혁명당 朝鮮民族革命黨이 미주지역에서 크게 활동하였다. 해외에서의 독립운동은 1910년 대한제국이 일제에 강제병탄된 후 더욱 확대되었다.

연해주와 미주 외에 서간도와 북간도 또 상해와 북경을 중심으로 한 중국 관내 지방에도 독립운동의 거점을 마련하고 많은 지사들이 집결하면서 새로운 독립운동의 중심지로 부상하였다. 유럽에서도 프랑스의 임시정부 파리위원부, 이한응 李漢應이 자결한 런던, 헤이그의 1907년 만국평화회의의 활동과 이준 李儁의 순국, 국제사회당대회가 열렸던 스위스 루체른, 1911년 이범진 李範晋이 자결 순국한 페테르부르크, 이외에도 이르쿠츠크와 모스크바 등 세계 곳곳이 한국독립운동의 무대였다.

▼ 중국 중경(重慶)에서 광복군 제1지대 본부대원들.

1930년대부터 중국의 전 국토가 한국독립운동의 무대로 이용되었고, 식민지 당사국인 일본도 독립운동의 대상지가 되었다. 이와 같이 세계 각처에 산재하고 있는 교포들의 조국 광복을 위한 노력에 경중이나 우열의 비교론이 있을 수 없지만, 특히 미주지역은 지리적 위치와 강대국으로서의 국제적 지위 그리고 자유, 언론의 보장 등 몇 가지 유리한 조건을 가짐으로써 독립운동의 파급효과가 예상보다 더 크게 번질 수 있었다.

PART 02

미주지역의 독립운동

 미주지역에서의 독립운동을 구체적으로 살펴보면, 첫째로 미국은 개인주의와 자유·평등에 입각한 사회이기 때문에 재미교포들도 부지불식간에 영향을 받았다. 이 때문에 농민, 노동자, 상인 등 한국에서 발언권을 행사하지 못하던 계층에서도 미주지역 한인단체 모임에서는 토론과 의견 교환이 자유롭게 이루어졌다. 이로 인해 직업이나 귀천에 관계없이 한국민족에 대한 의식이 싹트게 되어 교민 대부분이 독립운동에 참여하였다. 일제의 주구 노릇을 하던 친일 외교고문 스티븐스를 저격하여 처단한 장인환張仁煥·전명운田明雲, 이완용李完用을 습격한 이재명李在明 등은 모두 미주지역 노동자 출신 독립운동가였다.

 둘째, 미주지역은 일본이 간섭하기 힘든 지역이었고, 교민들이 자치단체를 자유롭게 결성해도 이에 대해 매우 관용적인 사회전통을 가진 나라였다. 그렇기 때문에 임시정부의 성격을 띤 국민회가 각 지역별 조직을 갖춘 광역단체로 발전할 수 있었고, 박용만의 한인소년병학교 설립도 가능하게 된 것이다.

특히 대한인국민회는 일본의 강점으로 한민족의 정부가 중단된 것이 아니며, 해외에서 싸우고 있는 국민회가 정부를 계승하고 재외동포를 보호한다는 선언을 하기도 했다. 또한, 그들은 우리 대한은 역사 이래로 한인韓人 간의 주권 수수는 불문법不文法의 국헌國憲이지만 한인이 아닌 타민족 일본인에 주권 양여는 근본적으로 무효이며 한인들이 절대로 허용할 수 없는 바라고 선포하였다. 이 선언이 해외동포들의 신임을 얻어 대한인국민회는 미국 본토와 멕시코·하와이를 비롯하여 노령, 만주에 이르기까지 13개의 지방회를 가진 세계적인 광역단체가 되었다. 이러한 정신이 동경 2·8선언과 거족적인 3·1운동으로 이어지고 3·1운동 후 상해임시정부로 응집되어 임시정부의 정통성이 확인된 것이다.

셋째, 미국은 세계에서 가장 부강한 나라여서 중국에 있는 임시정부의 독립운동을 돕는 재정적 뒷받침과 병참기지 역할을 담당할 수 있었다. 김원용의 『재미한인 50년사』에서는 미주 한인교포들이 중국임시정부의 항일독립운동을 지원하기 위하여 보낸 성금이 300만 달러를 넘었다고 하였는데 오히려 이는 매우 낮게 잡은 추산으로 보인다. 당시 미주한인들을 8,000명으로 보고 있는데, 이로 보면 1인당 375달러가 되고, 가구를 400가구로 보면 가구당 750달러가 되는데 이것을 30년으로 나누면 한 가구당 연 25달러밖에 안 되는 꼴이기 때문이다. 『백범일지』에 "시카고에 있는 김경金慶이 200달러를 보내 왔는데 임시정부의 형편으로 결코 적은 돈이 아니었다."고 기술하고 있다. 미화 200달러는 최소한 임시정부인사 15명 이상이 한 달 동안 부지할 수 있는 돈이었다고 한다. 미화는 중국에서 그 원래 값어치의 4~5배의 위력을 발휘하고 있으므로 미주교포들의 돈이 더욱 빛을 발한 것으로 보인다.

넷째, 미국은 세계에서 보도 매체의 중심지였다. 그러므로 이곳에서의 독립운동은 예상보다도 큰 파급효과를 발생시킬 수 있었다. 또 미국은 민주주의 국가이기 때문에 약소국가의 억울한 처지나 약소민족의 외교적인 노력에 귀를 기울이고, 독립할 수 있다는 희망을 주는 나라이기도 했다. 이러한 여건 때문에 미주지역 한인사회는 제1차 세계대전 1914~1918 이 종결된 직후 경제적 안정을 바탕으로 미국을 비롯하여 서구열강에 대한 외교 선전활동을 활발하게 전개하였다. 그러나 동아시아, 태평양지역의 주도권을 두고 미묘한 대립과 알력을 빚었던 미·일 관계가 이른바 워싱턴회의1921.11.~1922.2.를 계기로 협조체제를 구축하게 되자 미국 정부와 언론은 한국문제에 매우 소극적이며 한국문제 부제기의 원칙을 고수하였다. 뿐만 아니라 1925년 상해임시정부는 대통령 이승만李承晩에 대한 탄핵과 동시에 그의 독자적 외교기구인 구미위원부歐美委員部의 폐지령을 내렸다. 이때부터 미주에서의 독립운동은 침체기에 접어 들었고, 교민사회 또한 이승만을 지지하는 동지회와 그에 대해 비판적인 대한인국민회의 대립으로 분열되었다.

PART 03

중일전쟁 이후 미주지역 한인 독립운동

1937년 중일전쟁의 발발은 미주 한인사회에 다시금 새 활력을 불어 넣는 계기가 되었다. 중일전쟁을 계기로 미주지역에 새로운 인물과 단체가 등장했는데 그것은 한길수韓吉洙와 그의 외교활동을 지원할 목적으로 조직된 중한민중동맹단이었다. 한길수는 1935년 하와이에서 중한민중동맹단을 조직하여 임시정부에 승인을 요청했으나 거절당했다. 그 후 한길수는 중국 관내의 김원봉金元鳳과 상해 대한민국임시정부 내의 좌익정당인 조선민족혁명당과 일정한 관계를 맺으면서 이승만의 임시정부 승인 외교에 강력한 제동을 걸기도 했다. 한길수는 1940년대 초반에 이승만을 능가하는 정력적인 활동을 보여 주었음에도 수수께끼의 인물이었다. 그는 1900년 개성에 있는 한 인삼재배의 농가에서 태어나, 1905년 아버지를 따라 하와이로 건너왔다고 한다. 그가 한인사회에 알려진 것은 1940년 외국인 등록법이 시행될 때 재미한인들을 일본인과 구별되는 한국인으로 등록할 수 있도록 주선하는 데 앞장서면서부터였다.

그 외에 1939년 4월 뉴욕의 한인사회에 처음으로 조선의용대 후원회가 결성되었다. 그 후 로스앤젤레스, 시카고에도 각각 후원회가 조직되면서 기관지 「의용보」를 발간하기 시작하였다. 미국 본토 이외에도 하와이, 쿠바, 멕시코에 지부를 설치하여 그 세력을 과시했다. 배일선전排日宣傳과 군사후원금 모집을 위한 각종 대중집회와 강연회 기념대회를 개최하기도 했다.

조선의용대는 원래 중국 관내의 좌파계 통일전선인 조선민족전선연맹의 군사력으로서 1938년 10월 10일에 성립된 무장부대이다. 보수성이 강하고, 외교 선전활동에 치중해 온 미주 한인사회에 이러한 무장조직의 후원회가 성립될 수 있었던 것은 미주 내 교민 사이에도 일단의 진보 세력이 형성되었음을 의미한다.

▼ 중국 무한에서 창설된 조선의용대(1983. 10. 10).

▼ 조선의용대 여성대원들(1939).

PART **04**

재미한족연합위원회 발족

중일전쟁을 계기로 미주지역 한인단체들은 내부적으로 조직을 정비하여 가는 한편, 다른 단체와의 연합 또는 합작을 모색하게 되었다. 그 배경은 중일전쟁이 장기화되면서 국제정세가 한국의 독립운동에 전반적으로 유리하게 전개되었고, 미주에서 독립운동을 적극 지지하고 후원해 왔던 이민 1세들이 수적으로 감소하고 노령화됨에 따라 한인들의 전체 역량을 한곳으로 집중시켜야 할 필요성이 그만큼 커졌다는 점이다. 또 1920년대 초반부터 지속되어 온 국민회와 동지회의 반목, 대립이 한인사회를 분열시킴으로써 그들 자신의 지지기반마저 약화시키는 결과를 초래하고 있다는 점을 깨닫게 된 것이다. 그런데다가 중일전쟁 이후 조성된 중한민중동맹단이나 조선의용대 미주후원회와 같은 신진단체들이 점차 그 지지세력을 확충해 나가고 있는 것도 하나의 자극이

▼ 국민회 하와이 지방총회 임원들.

되었을 것이다.

　국민회와 동지회의 연합운동은 대립이 가장 심각했던 하와이에서 먼저 시작되었다. 1940년 9월 북미대한인국민회는 하와이의 국민회와 동지회에 합동회의를 제의했고, 그해 11월 미국 본토와 하와이 각 단체 대표들의 연석회의가 개최되었다. 이 회의에서 채택된 결의안은 대략 다음과 같다.

　현재로서는 각 단체를 해체하고 단일당單一黨을 결성할 준비가 되어 있지 않으니 해외인 전체의 공동결의로 연합기구를 조직하고 독립운동의 모든 행사를 그 기관에 일임한다는 것과 독립운동에 대한 임무를 분

▼ 하와이 대한인동지회 임원들.

담하고, 각 단체가 동의하는 선에서 해외한족대회를 개최한다는 내용이다. 마침내 1941년 4월 20일 하와이 호놀룰루에서 해외한족대회가 개최되었는데 전 미주지역의 독립운동단체는 거의 대부분 참여하였으나 중경의 임시정부와 한국독립당은 급박한 현지 사정으로 참여하지 못했다. 해외한족대회는 사실상 미주지역만의 한족대회가 된 셈이다. 유일한은 이 대회를 개최하는 집행위원으로 활약하였다. 이 대회에서 가장 문제가 된 것은 새로 설립된 외교기관의 책임자를 누구로 할 것인가였다. 오랜 논란 끝에 결국 이승만을 대미외교 대표로 선임하고 임시정부도 이를 승인하여 이승만은 다시 대미외교의 전면에 나서게 되었다. 한길수에게는 국방공작 봉사원이란 직함을 주었다. 이는 그동안 하와이와 미국 본토에서 뛰어난 활약상을 보인 한길수를 무마하기 위한 조치였으나 대미외교 대표와 국방공작 봉사원과의 역할 분담이 분명하지 않아 이승만과 한길수의 대립관계를 해소할 수 없었다.

그러함에도 불구하고 해외한족대회 개최를 통하여 얻은 큰 성과는 첫째, 대한민족과 각 단체는 임시정부를 절대 신뢰한다는 임정봉대臨政奉戴 결의안을 통과시켜 임시정부 활동에 비판적인 태도를 취해 온 중한민중동맹단과 조선의용대 미주후원회와 같은 신진단체를 견제할 수 있게 되었다는 점과 둘째, 미주지역 독립운동의 최고 지부라 할 수 있는 '재미한족연합위원회'가 발족되었다는 점이다. 연합회의 활동 목표는 3가지로 임시정부의 후원활동, 한국독립운동을 확대하기 위한 외교선전활동, 미 국방업무 후원활동 등이었다. 연합회는 하와이와 미주 본토의 국민회가 연합하여 합의제로 운영하게 될 연합위원회를 주도함으로써 다른 여타의 단체들을 통제할 수 있는 발판을 마련하게 되었다.

첫 번째 목표인 임시정부 후원을 효과적으로 추진하기 위해서 가장 중요한 것은 독립운동 자금의 모집창구를 연합회로 단일화하고, 그 자금을 효율적으로 관리하고 배분하는 일이었다. 이를 위하여 지금까지 여러 단체들이 개별적으로 모집 사용해오던 각종 명목의 독립운동 자금을 일체 거두지 않기로 결정하였다. 이와 같이 한족연합회 발족은 상호 대립과 분열을 거듭해 온 미주한인들에게 새로운 희망과 활력을 불어넣어 주었다. 그 결과 한족연합회가 발족된 지 불과 5개월 만에 하와이에서는 1,040명이 독립운동 자금 18,548달러의 납부를 예약하였다. 연합회는 독립운동 자금 모집 목표가 연간 2만 달러였으나 이듬해인 1942년에 개최된 전체회의에서 6만 달러로 대폭 상향 조정하였다. 이

독립운동 자금은 3분의 2를 중국임시정부로 보내고, 나머지 3분의 1은 미주지역에서의 외교 및 국방공작 후원경비로 사용한다는 원칙을 세웠다. 그러나 연합회 기구가 미주 본토의 집행부와 하와이 의사부로 이원화되면서 한족연합회는 명칭 그대로 각 단체의 일시적인 연합에 불과한 것으로 서로 이해관계가 일치하지 않을 때에는 조직 자체가 약화되거나 해체될 수 있는 가능성을 내포하고 있었다. 실제로 1943년 말부터 연합회가 통일적 지도기관의 역할을 제대로 수행하지 못한 채 국민회 및 그 지지세력만 회원단체로 남게 되어 임시정부에 대한 후원도 기대치에 미치지 못하게 되었다.

두 번째 목표인 외교·선전활동은 이승만을 위원장으로 하는 주미외교위원부에 일임되었다. 이승만은 이 임무를 수행하는 데 두 가지 방면을 미국 정부에 호소하였다. 하나는 외교적인 면으로 미 국무부에 대한민국임시정부 승인을 요청했고, 또 하나는 미 육군부에 임시정부를 군사적으로 지원하거나 재미한인을 동원한 한인 게릴라부대를 창설해 달라는 요청이었다. 중경임시정부에서는 이와 같은 이승만의 활동에 힘을 실어주기 위하여 임시정부 신임장을 미국 대통령과 미 국무부에 제출하였다. 이승만은 임시정부 승인운동을 끈질기게 펼쳤으나 소기의 성과를 거두지 못하였다. 이에 이승만은 1942년 2월 27일부터 3월 1일까지 워싱턴 D.C.에서 자유한인대회 등 대중집회까지 개최하면서 여론에 호소하고, 미 의회에까지 청원하였다. 또한 1942년부터 1945년까지 30여 차례에 걸쳐 국무부와 육군부 그리고 백악관 등에 임시정부의 승인과 한국군의 대일전쟁 지원 및 한인부대 창설을 요청했다.

세 번째 목표인 미 국방업무 후원활동을 위하여 재미한족연합회 집행부는 국방과를 조직하고 여러 측면에서 미국의 국방사업을 지원하였다. 이를 위하여 가장 먼저 유일한이 주축이 되어 한인부대 맹호군을 조직하였다. 또 통역·번역·특수부대 등 종군부대를 조직하였다. 또한 전시공채를 구매하고, OSS 참여 및 협조 등의 활동을 하였다. 한인국방경위대는 1941년 12월 22일 재미한족연합회 집행부에서 그 편성 계획을 미 육군사령부에 제출하여 허가를 얻고, 로스앤젤레스에서 조직되었다. 이는 대일승전을 위해 미군과 함께 싸우는 캘리포니아 민병대에 속한 부대로 그 명칭을 맹호군이라 하였다. 맹호군은 1943년 1월 샌프란시스코에 맹호지대를 편성하였다. 첫 응모자는 190명으로 30세부터 65세까지 있었다.

PART 05

미주지역의 독립운동 계열

미주지역 독립운동은 크게 세 갈래로 분류할 수 있다. 첫째는 외교와 무력운동이 동시에 전개되어야 한다는 박용만의 독립전쟁과 독립군기지 조성활동이 중심이 된 독립투쟁론이다.

그는 1909년 네브래스카주에 소년병학교를 세우고 1912년 샌프란시스코로 가서 대한인국민회 중앙총회를 결성한 뒤 하와이로 가서 독립군 양성 계획을 추진하였다. 하와이 오아후섬 카할루우 지방 아후마누에 임대농장을 마련하여 병영과 숙소를 짓고 구한말 군인들을 모았다. 낮에는 농장에서 일하고 밤에는 군사훈련을 시켜 대조선 국민군단을 조직하였는데 단원이 311명에 이르러 해외에서 가장 큰 독립군 조직이 되었다. 그는 국민군단 설립자금을 조달하기 위하여 한국에

서 새우젓과 베적삼 등을 들여와 하와이 교포들에게 팔았다.¹

박용만은 1917년 10월 뉴욕에서 열린 약소민족 국제회의에 한국 대표로 참석하여 한국 사정을 연설하고 여러 차례 박수를 받았다. 이 회의에는 폴란드·스웨덴·덴마크 등 24개국의 대표들이 참가하였다.² 박용만은 1919년 중국으로 가서 둔전군 屯田軍 양성을 위해 동분서주하다 1928년 10월 17일 북경에서 피살되었다. 이로 인해 국권회복을 위한 그의 독립군 기지 모색과 독립전쟁론은 퇴색되고 말았다.

두 번째 갈래는 미주지역 한인 자치정부 수립을 목표로 공립협회를 설립한 안창호계의 자치론이다.

▼ 박용만(朴容萬, 1881~1928).

1905년 1월 일제가 호놀룰루 주재 일본총영사를 대한제국 명예총영사로 임명하고 그해 4월 한인의 하와이 이민금지 등 해외 한인에 대한 지배 조치를 취하였다. 이에 대응하기 위하여 1905년 4월 5일 도산 안창호 등 재미한인 49인은 샌프란시스코에서 공립협회를 창립하였다.³

같은 해 9월 포츠머스조약⁴ 직후 미국 대통령 루즈벨트는 한국은 독

---

1 독립기념관 소장 : 1913~1914년도 하와이 국민회 회계 장부에 기록되어 있음.
2 「신한민보」, 1917. 10. 24., 3면.
3 김도훈, 「1910년 전후 미주지역 공립협회·대한인국민회의 민족운동연구」, 국민대학교 2003년.
4 포츠머스조약 : 1905년 9월 러일전쟁을 마무리하기 위하여 미국 포츠머스에서 일본과 러시아 간에 체결된 조약, 일본은 유리한 전쟁상황을 활용하여 미국의 루즈벨트 대통령에게 러시아와의 강

립할 능력이 없다고 단정하여 일본의 보호권을 인정하기에 이르렀고 일제는 곧 을사늑약 체결을 서둘렀다. 이에 공립협회는 대한제국의 영사관을 대신할 자치기관 설립과 국권회복 방략을 모색하였다.

1906년부터 공립협회는 국권회복의 전 단계로 해외 한인단체의 통합을 적극 추진하였다. 하와이 합성협회와 통합하여 국민회가 창립되었다.

이 국민회는 대한인국민회 중앙총회를 설립하여 국가 인민을 대표하는 한인 자치기관으로 대한제국의 멸망을 공식화하고, 국내외를 막론하고 한인 최초로 국민국가에 바탕한 「임시정부」 수립을 해외 한인조직으로 완성할 것을 강조하였으니 그 뿌리는 도산 안창호의 공립협회이며, 국권회복을 위한 자치론으로 귀결된다.

세 번째는 이승만의 외교론이다. 이승만은 1921년 하와이 호놀룰루에서 미주동포들의 단결과 생활안정 및 독립운동 전개를 위하여 동지회同志會를 조직하였다. 이 동지회는 미주 한인사회에 최대 단체인 대한인국민회와 반목과 협조를 거듭하였다.

원래 동지회는 이승만이 1920년 12월부터 상해임시정부 대통령직을 수행했으나 임시정부 조직개편을 둘러싸고 마찰이 일어나 반 이승만 여론이 고조되었다. 이로 인해 신망과 지도력을 상실하게 되자 1921년 6월 29일 하와이로 건너가 확고한 지지세력 구축을 위해 7월 7일

화를 알선해 주도록 요청하였다. 일본이 끝까지 관철하고자 한 강화조약의 절대적 필요조건은 한국에 대한 일본의 자유처분권을 러시아가 승낙하고 러시아군이 만주에서 철수할 것과 랴오둥반도의 조차권 및 하얼빈-여순 간의 철도 부설권인데 대체로 러시아는 이를 모두 승낙하였다.

민찬호閔贊鎬, 안현경安顯景, 이종관李鍾觀과 동지회를 결성하였다. 재정난에 이르자 한인들의 통합과 광복운동 강화를 명분으로 하와이 대한인 교민단과 연합대회를 개최하였다.

그러나 실제로는 동지회가 교민단을 장악하고 재정난을 해결하려는 본색이 드러나게 되어 교민단 측의 강력한 반발로 소송까지 가서 패소하였다. 이때 이승만은 유럽에서의 외교활동을 명분으로 하와이를 떠났다. 그런데 1941년 4월 하와이에서 개최된 해외한족대회에서는 미주에서의 외교 선전활동을 통일하기 위하여 주미 외교위원부를 설립하기로 하고 오랜 논란 끝에 이승만을 위원장으로 선임했다. 이러한 결과를 보고받은 중경의 임시정부는 이를 승인하고 대미외교의 전권을 이승만에게 위임했다.

이로써 1925년 상해임시정부에서 이승만 대통령에게 탄핵과 동시에 그의 독자적인 외교기구인 구미위원부까지 폐지령을 내려 침체상태에 빠졌던 이승만이 다시 대미 외교의 전면에 나서게 되었다.

그 후 태평양전쟁1941. 12. 7.이 일어나자 보다 적극적인 대미 교섭의 필요성을 예상한 한족연합회는 외교부의 조직 확대를 요청했으나 이승만은 독자적으로 정한경鄭翰景, 이원순李元淳을 외교위원으로 임명하여 연합회의 간섭을 차단하였다. 그러면서 이승만은 미 국무부에 중경임시정부를 승인해줄 것을 요청했다. 이때 중경임시정부도 태평양전쟁의 발발과 동시에 대일 선전포고를 하고 무장투쟁을 선언한 상태였다. 그러나 미 국무부의 임시정부 승인 요청이 계속 지연되자 이승만은 미국인들과의 개인적인 친분으로「한미협회」와「기독교인친한인회」를 조직하여 미국의회와 정부에 접근할 수 있는 통로를 마련하였다.

그러나 이 무렵 대미외교에 이승만의 강력한 라이벌인 한길수韓吉洙는 한족연합회와의 관계를 끊고「중한민중동맹단」,「조선민족전선연맹」,「조선의용대 후원회」와 같은 단체의 워싱턴 대표명의를 사용하여 이승만의 외교활동에 강력한 제동을 걸었다.

한편 대한민국임시정부에서도 주석 김구金九, 외무부장 조소앙趙素昻의 명의로 작성된 이승만에 대한「신임장」을 미 국무부에 제출하였으나 미 국무부는 중국·미국·영국이 동일한 보조를 취하는 것이 바람직하다는 입장만 밝혔다. 이와 같이 미 국무부가 한국임시정부 승인에 대한 중국과 영국의 입장을 타진하는 동안 이승만이 주도하는 주미외교부는 한미협회 및 한족연합회와 더불어 1942년 2월 27일부터 3월 1일까지 워싱턴에서 한인자유대회를 개최하여 임시정부 승인을 요구하는 청원서를 미국 대통령과 국회에 제출하는 등 보다 적극적인 외교활동을 펼쳤으나 미 국무부의 냉담한 반응은 계속 이어졌다.

PART **06**

미 육군 전략정보국(OSS), 한인 군사지원

미국 정부와 국무부는 대한민국임시정부 승인문제에 관해 시종 냉담한 반응을 보였지만 전술적 차원에서 한인 무장단체의 활용문제에 대해서는 태평양전쟁 직후부터 비밀리에 검토하고 있었다.

이러한 미국 측의 움직임과 관련하여 1942년 4월 미합동 참모본부 기획실에 접수된 「한국 : 심리전술에 관한 계획」이란 보고서에 주목할 필요가 있다. 이 보고서의 목적은 "한국·만주·일본 등지에서 유리한 정세를 조성하기 위한 선전과 일본에 관계된 군사정보의 획득 그리고 장차 있을 군사작전과 배합할 파괴활동에 한인들을 활용한다."는 것이었다. 특히 이 보고서에서는 광복군의 병력을 약 30,000명, 조선의용대를 600명으로 추정하는 등 전반적으로 임시정부의 실정을 과대평가하고 있었다.

임시정부로부터 대미외교의 전권을 위임받은 이승만은 1942년 9월 미 육군 전략정보국 OSS 소속 굿펠로우 P.M. Goodfellow 대령의 주선으로 국무부를 방문하여 한인부대 창설과 군사적 지원이 가능한지를 탐색하였으나, 국무부는 이러한 문제는 무기대여국과 육군부의 소관이라며 답변을 회피했다.

이승만은 곧 굿펠로우에게 "대한민국임시정부의 오랜 소망은 그들이 갖고 있는 군사적 인적자원을 미국 군사 당국이 필요에 따라 자유롭게 활용토록 하는 것"이라며 편지[5]를 보냈다. 이는 극동에 파견되어 있는 미군 지휘관과 임시정부 소속의 광복군을 연결시키기 위한 이승만의 외교 전술이었다. 이승만은 편지에서 이러한 계획과 관련하여 이미 50여 명의 한인 지원자를 확보하고 있으며, 500명까지 추가 모집도 가능하다고 했다.

그리고 극동에서는 게릴라전에 능숙한 25,000명의 한인들을 미군의 지휘체계로 편입시킬 수 있으며, 필요에 따라서는 5,000명씩의 추가 증원도 가능하다는 의견을 제시했다. 또 만약 미국이 이러한 계획을 승인한다면 자신이 직접 인도의 캘커타로 건너가 광복군과 임시정부의 책임자를 만날 용의가 있다고도 했다. 그러나 이 무렵 미국 정부는 이미 여러 경로를 통하여 임시정부의 실상을 파악하고 있었고, 광복군의 규모와 중국군과의 관계에 대해서도 정보를 입수하고 있었기 때문에 이승만의 계획은 실현 가능성이 없다는 판단을 내린 것으로 보인다. 이

---

5 미 국무부 문서: 895.01/231, 이승만의 편지, 1942년 10월 10일자.

로 인해 수차에 걸친 이승만의 답변 요구에도 그들은 긍정적인 답변을 주지 않았다.

오히려 미국 측은 이승만의 편지 내용과는 달리 중국 내의 한인단체들이 적절히 훈련된 지도자를 갖고 있지 못하여 효과적인 대일작전을 수행할 능력이 없는 것으로 평가하고 있었다. 그리고 미국 내의 한인지도자들은 첩보 및 파괴활동과 같은 군사활동을 지도할만한 역량을 갖추지 못한 것으로 인식하여 미국 군사 당국이 직접 한인들을 모집하여 훈련시킨 후 각종 지하 공작에 활용하는 것이 효과적이라는 결론을 내리고 있었다.[6]

태평양전쟁 막바지에 미국의 전략정보국OSS에 의하여 광복군과 미국 내 한인 지원자를 바탕으로 추진되었던 '독수리작전'과 '냅코작전'이 철저하게 미국 측 계획에 따라 훈련되었던 것도 바로 이러한 인식에 기초한 것이었다.[7]

미국 국무부와 육군부 그리고 전략정보국OSS은 한인단체에 대한 군사적 지원과 이들에 대한 정치적 승인문제를 엄격하게 구분하였다. 그러함에도 불구하고 이승만의 주미외교부와 임시정부는 시종일관 정치적 승인과 군사적 지원을 연계시켜 미국 측에 접근하였다. 더욱이 미국 내에는 이승만 이외에도 한길수, 한순교韓舜教, 유일한, 김용중 등 다수의 한인지도자들이 개별적으로 미국 정부에 접근하고 있었기 때문에

---

6 미 국무부 문서 : 895.01/7~2144. 국무차관보 Grew와 Berle.
7 『한국독립운동사사전』 하권 총론편, 독립기념관 한국독립운동사연구소, 1996, 643쪽.

이승만의 대미외교는 빛이 바랜 상태였다. 요컨대 미국이 대일 군사작전에 한인들을 활용하려는 목적은 정보수집과 파괴 및 테러활동 등 극히 제한적이었고 이승만과 중경임시정부가 요청하는 임시정부 승인문제는 별개로 취급하였다.

이승만이 미군부와 정보부서에 접촉하여 수차례에 걸쳐 한인 게릴라부대 창설을 제안한 데 대해 미 국무부는 냉담한 태도를 보인 반면 미 정보기관들은 일본 침투 게릴라부대 창설에 대해 귀를 기울였다. 그 가운데 진주만 습격 직전에 조직된 정보조정국COI이 가장 적극적이었다. 1941년 대통령령으로 발족된 이 정보조정국이 OSS의 전신이고 OSS는 1946년에 창설된 미국 CIA의 전신이다. COI는 중국을 통한 일본 침투라는 특수 첩보작전 계획을 수립하였다. 1942년 3월 COI 제1기생을 모집했는데 이승만은 몬타나주에 거주하던 36세의 장석윤張錫潤을 추천하였다.

이 계획은 장개석蔣介石과 스틸웰Josepf Stilwell: 중국 주둔 미군사령관의 반대로 무산되었지만 이들은 OSS 최초 첩보 공작부대를 창설하여 버마와 중경을 오가며 무선기지 설치, 현지 게릴라 양성, 반일선전 등 특수공작 활동을 벌였다. 장석윤은 미 제14공군의 정운수鄭雲樹와 함께 이승만과 중경임시정부의 김구를 연결해 주는 역할을 담당하였다.

이때 이승만은 미 전략정보국인 OSS에 그리고 김구는 스틸웰에게 한미 합작의 게릴라부대 창설을 각각 제안했으며, 이승만은 자신이 직접 인도 캘커타로 가서 25,000명의 한인 게릴라부대를 창설한 후 김구, 이청천과 함께 활동하겠다는 계획을 제안하기도 했다. 이때 이승만과

김구의 협력이 최고조에 달했고 미 육군부는 두 사람의 연락을 위해 무선 통신을 제공하였다.[8]

그러나 이승만과 김구의 한인 게릴라부대 창설 제안은 극동 사령관 맥아더와 영국의 반대로 모두 무산되었다. 맥아더는 이미 필리핀에서 자신의 정보기관과 적후 공작기관을 가지고 있었고, 또 영국은 인도의 식민당국으로서 인도를 근거로 한 독립군의 활동을 탐탁지 않게 생각하였기 때문이다.[9]

그러함에도 불구하고 재미한인 가운데 미 특수공작기관인 OSS의 한반도 침투작전에 직접 참여한 사람들이 있었다. 1944년 OSS는 대일전에서 확실한 전과를 세우기 위해 중국전선에 OSS의 활동을 강화시켰고, 특히 한국인들을 이용한 한국·만주·일본 침투 계획을 강력하게 추진하였다. 이 과정에서 OSS 중국지부는 중국전선에 독수리작전을 워싱턴 본부는 냅코작전을 추진하였다. 냅코작전은 1944년부터 구상하여 1945년 초에 본격화되었는데 잠수정이나 낙하산을 통해 한반도에 침투하여 첩보수집, 무선망 설치, 파괴공작을 임무로 삼았다. 당시 공작원 훈련 FEU 의 총책임자 파일러 Filler 대령이 도노반 OSS 국장에게 보고한 내용에 의하면, 이 냅코작전의 목적은 특수공작대를 한국 내에 당장 침투할 수 있게 훈련시켜 궁극적으로는 일본 본토까지 침투하여 첩보, 지하조직 조성 등의 활동을 하고 사보타지 Sabotage 와 무저항운

---

8 정병준, 『광복직전 독립운동세력의 동향』, 독립기념관 한국독립운동사 연구소, 2009, 117쪽.
9 방선주, 「미주지역에서 한국독립운동의 특성」, 『한국독립운동사 연구 제7집』, 1993년, 496쪽.

동으로 이어가는 것이었다. 이를 성취하기 위해 한 조를 5명으로 하여 총 10개 조의 공작원들을 파견하고, 만약 체포, 고문 등을 당하게 되어도 조직의 실체가 탄로 나지 못하도록 각 조마다 서로 알 수 없게 점조직으로 훈련시켰다.

잠입은 잠수함을 이용하고 공작원 침투는 인천 앞바다 섬들을 통한 서울침투, 진남포를 경유하는 평양침투, 평남 농촌침투, 서산침투, 황해도침투, 전남 목포 앞바다에서의 목포침투 등 여러 조를 계획하였다. 각 지구별 침투요원은 그 지방의 지리에 밝고 항일의식이 매우 투철한 자로 선발되었다. 당시 50세의 유일한 은 제1조 조장이었다. 여기에 참가한 한인들은 유학생 출신과 일

▼ 김학규 제3지대장.

본군에 강제로 끌려갔다가 사이판, 괌 등에서 포로가 되어 노무자가 된 자 중 반일 증오감정이 투철한 사람들이 대부분이었다. 이들의 훈련장소는 2개 조를 훈련하던 남가주의 '산타카탈리나'라는 큰 섬과 그 외 8곳이 있었다. 훈련된 이들은 작전명령만 기다리고 있던 중 일본의 패망 소식을 접하였으니 이것은 이들에게 적지 않은 절망과 좌절을 안겨주었다. 이로써 온갖 역경 속에 겨우 성사시킨 중경임시정부 광복군과 연

▼ 윔스대위와 광복군 제3지대 대원들.

계된 OSS 독수리작전 계획과 미주지역의 냅코작전 계획이 모두 허무하게 무너져 버린 것이다.

당시 독수리작전을 위해 광복군 제2지대 지대장 이범석 장군은 OSS 주관자 싸전트 박사와 서안에서 비밀훈련을 실시하고 있었으며, 제3지대장 김학규는 개성 출신으로 우리 언어가 능숙한 윔스Clarence N. Weems 대위와 안휘성安徽省 부양阜陽에서 합작 훈련을 실시하였다. 3개월의 훈련을 마치고 한국으로 밀파하여 파괴, 정탐 등 공작을 개시할 준비가 다 마무리될 무렵 백범 김구 주석은 미국 작전부장 도노반과 항일공작을 협의하기 위하여 광복군 총사령관 이청천과 서안 두곡을 방문하였다. 장준하의 회고에 의하면 1945년 8월 7일이었다고 한다.

백범은 당시의 상황을 『백범일지』에 다음과 같이 감동적으로 기록

하였다.[10]

"제2지대 본부 사무실 정면 오른쪽 태극기 밑에는 내가 앉고, 왼쪽 성조기(미국기) 밑에 도노반이 앉고 도노반 앞에는 미국 훈련관들이 앉았고, 내 앞에는 제2지대 간부들이 앉은 후 도노반 장군으로부터 정중한 선언발표가 있었다.「지금 이 시각부터 아메리카합중국과 대한민국임시정부는 합작하여 공동의 적 일본에 항거하는 비밀공작이 시작되었다.」라는 내용이었다. 도노반과 내가 정문으로 나올 때에 활동사진반들이 사진촬영을 하는 것으로 의식을 끝마쳤다. 백범은 미국군관들의 요청으로 비밀훈련을 받은 학생들의 실전실험을 해 볼 목적으로 두곡에서 다시 동남쪽으로 40리쯤 떨어진 종남산終南山, 고찰古刹에 있는 비밀훈련 장소로 자동차를 몰아 산 입구에서 다시 도보로 2km가량 떨어진 훈련소로 향했다. 훈련소에서는 심리학박사가 각 학생들의 심리학적 상태를 분석하여 모험성이 풍부한 학생은 파괴기술, 지적능력이 강한 학생은 적정 정탐, 눈이 밝

▼ 중국 서안 제2지대 본부에서 한국광복군과 OSS의 국내 진공작전에 합의한 김구 주석과 도노반 장군(1945.8).

---

10 『백범일지』, 도진순 주해, 도서 출판 돌베개, 1997, 395쪽.

고 손재주가 있는 학생은 무전기 사용법을 분과 과목으로 훈련시키고 있었다. 심리학자가 시험성적 개요를 보고하였는데 특히 한국청년은 앞으로가 촉망된다고 보고하였다. 백범은 이어 종남산 봉우리로 올라가 수백 길 절벽 아래로 내려가서 적정을 탐지하고 오는 것과 폭파술, 사격술, 비밀도강술 등의 유격훈련을 차례로 시찰한 후 두곡으로 돌아왔다."

두곡에서 하룻밤을 묵은 백범은 다음 날 서안의 호종남胡宗男 장군을 방문하였으나 호胡장군이 출장 중이어서 참모장이 대신 백범을 접견했다. 서안성 정부를 방문하니 성주석 축소주祝紹周는 백범과 막역한 사이인지라 다음 날 저녁 자기 집으로 백범을 초청하였다. 서안성 당지 도부에서도 백범을 위한 연회를 개최하고 서안성 부인회에서는 환영연극까지 준비하였다. 각 신문사에서도 환영회를 개최하겠으니 참석해 달라는 요청을 하였다. 아메리카 합중국 OSS 총책임자 도노반과 대한민국임시정부 주석 백범 김구가 공동의 적 일본에 항거하는 공동선언문을 발표한 후 대한민국임시정부의 위상이 크게 달라진 것이다.

그날 우리 동포 김종만金鍾萬의 집에 유숙한 백범은 다음 날 서안의 명소를 관람하고 축주석의 집에서 만찬을 한 후 객실에서 담화를 나누었다. 그러던 중 중경에서 온 전화를 받은 축주석이 "왜적이 항복한답니다."라고 백범에게 기쁘고 흥분한 얼굴로 소리쳤다.

이때 백범은 "이 소식은 희소식이라기보다는 하늘이 무너지고 땅이 꺼지는 일이다. 수년 동안 애써 참전을 준비한 것도 모두 허사로 돌아가고 말았다. 서안훈련소와 부양훈련소에서 훈련받은 우리 청년들에게 조직적, 계획적으로 각종 비밀무기와 전기電器를 휴대시켜 산동반도에서 미국 잠수함에 태워 본국으로 침입하게 하고, 또 국내 요소요소에서 각종 공작을 개시하여 인심을 선동케 하였다. 전신電信으로 통지하여 무기를 비행기로 운반하여 사용할 것을 미국 육군성과 긴밀하게 합작했다. 그러한 계획을 한번 실시해 보지도 못하고 왜적이 항복하였으니 지금까지 들인 정성이 아깝고 다가올 일이 걱정이다"라고 했으며, 『백범일지』 원문에는 전공가석前功可惜이요, 래사가려來事可慮라고 기록하였다.

원래 냅코작전은 독수리작전 앞에 시작하려고 하였다. 그래서 광복군 독수리작전 본부에서는 냅코작전의 성공을 기대하면서 대기하고 있었다. 그러나 냅코작전의 발동은 맥아더 사령부나 니미쯔 제독의 승낙을 필요로 하여 이 승낙을 기다리고 있던 중이었는데 일제가 항복하고만 것이다. 미국 본토의 OSS 중국지부는 대한민국임시정부 광복군을 이용한 독수리작전을 추진하는 한편 연안의 조선의용대를 이용하여 만주로 우회하는 북중국작전도 계획하고 있었다.

맥아더 사령부에서 좀 더 적극적으로 이를 서둘렀거나 일제가 그렇게 일찍이 항복하지 않았다면 유일한의 제약회사와 무역회사의 조직망을 통한 작전이 전개되었을 것이며, 곧 뒤따라오는 광복군의 독수리 침투작전으로 한반도에도 프랑스의 레지스탕스와 같은 지하 저항운동이 전개됐을 가능성이 있었을 것이다. 백범이 일본의 항복 소식에 기쁨보다 먼저 절망과 좌절의 개탄이 튀어나온 이유이다.

사실 미국은 한반도문제 해결에 있어서 연합국 열강의 이해관계를 조정하고 절충하는 데 보다 많은 신경을 쓰고 있었다. 이를 감안했더라면 주미외교부와 임시정부는 미국과 중국 국민당 정부에 일방적으로 의존하는 태도를 지양하고, 가능한 외세와 타협을 유도하는 방향으로 선전활동을 전개하는 것이 바람직했을 것이다.

그러나 임시정부는 중국 국민당 정부의 영향 아래 놓여 있었고, 이승만과 주미외교부는 친미 반소적 입장을 분명히 하고 있었다. 이러한 상황에 미국이 임시정부를 승인할 경우 소련 또한 그들의 영내에 있는 일단의 한인 무장세력을 이용하여 새로운 임시정부를 조직할 수도 있는 일이다. 미국은 이러한 사태를 가장 우려하고 있었다. 당시 미국은 소련 내에 최소한 2개 사단의 한인부대가 있을 것으로 추측하고 있었다. 만약 임임시정부 승인문제로 소련과 충돌하게 되면 소련을 대일전에 끌어들여 조기에 전쟁을 종결하고, 미·소 간 협조에 의하여 전후 동아시아의 국제질서를 안정시키려는 미국의 전시 계획은 틀어질 수밖에 없었을 것이다. 미국이 임시정부 승인을 반대한 것은 이러한 이유 때문이었다.

이로써 백범을 중심으로 한 임시정부요인들의 7년 동안에 걸친 중경생활도 끝나게 되었다. 백범이 중경을 떠날 때 중국 국민당과 공산당본부에서 임시정부요인 전체를 초청하여 송별연을 베풀었는데 국민당 송별연에는 장개석을 위시한 중앙정부와 중앙당 간부 각계명사 수백 명이 참석하였다. 우리 측에서도 임시정부 국무위원과 한국독립당 간부들이 참석한 가운데 한·중 국기를 교환한 채로 융숭하고 간곡하게 진행되었다. 장개석 주석과 송미령宋美齡 여사가 서두에 "장래 중·한은 영구히 행복을 도모하자"고 연설하였고 백범의 답사가 있었다. 중국공산당 본부에서 주최한 송별연에는 주은래周恩來, 동필무董必武 등이 참석하였다.

PART **07**

미주지역의 한인사회

　제물포^{인천}항에서 한인^{韓人} 121명이 하와이행 갤릭호에 오른 것은 1902년 12월 22일이었다. 이 날은 우리나라 역사상 처음으로 서구세계로 노동이민이 시작된 날이다.[11]

　태평양 가운데 외로운 섬들로 구성된 하와이제도에 백인들이 진출하면서 경제적으로 큰 변혁을 가져오게 되는데 특히 미국인 농장주들은 멕시코인, 일본인, 포르투갈인들의 노동력으로 농장을 운영하였다.

　원래 하와이제도는 1778년 영국인 탐험가 제임스 쿡이 발견하였으나 그는 원주민과의 무력충돌로 사망하였다. 이들 영국탐험대들이 들

---

[11] 고정휴, 『1920년대 이후 미주, 유럽지역의 독립운동』, 독립기념관 한국독립운동사 연구소, 2009, 3쪽.

▼ 1904년 유일한이 미국으로 출발했던 당시의 제물포 앞바다.

어오기 이전까지는 폴리네시아[12]계 원주민 사이에 부족 간 싸움이 이어졌으나 영국식 문화와 기술을 적극 수용한 카메하메하 1세가 1782년 섬 전체를 통일하여 1893년까지 왕조가 지속되었다.

이후 하와이는 미국과 극동을 잇는 태평양상의 통상과 포경의 기류지[13]로서 미국인을 비롯한 외국인 거류자들이 점차 늘어나고, 특히 1887년 미국과의 호혜통상조약에 의하여 진주만[14]에 미국 해군기지

---

[12] 폴리네시아(Polynesia) : 폴리는 많다, 네시아는 여러 섬을 의미하는 것이니 오세아니아 동쪽해역에 분포해 있는 수천 개의 많은 섬들이란 뜻이다. 이 섬들의 원주민은 폴리네시아계로 분류되며 이들은 항해술과 고기잡이에 뛰어나고 하와이 등에는 왕국이 형성되어 있었다. 넓은 지역에 흩어진 각 섬들임에도 문화와 언어가 동일한 특색을 지니고 있다.

[13] 기류지(寄留地) : 본적지 이외의 땅에서 머물러 있음.

[14] 진주만(Pearl Harbor) : 미국 하와이주 오아후 섬에 있으며 미국 해군기지와 조선소가 있다. 1778년 영국의 제임스 쿡이 태평양 탐험 중 발견하였다. 1941년 12월 7일 일본군이 이곳을 기습하여 태평양전쟁이 발발한 계기가 되었으며 이로 인하여 미국이 제2차 세계대전에 참여하게 되었다.

사용권을 인정하면서 미국의 영향권에 들어갔다. 19세기 후반 미국사업가들이 사탕수수와 파인애플 재배에 크게 진출하여 제당업이 번창하게 되었다. 이로 인하여 아시아인을 비롯한 외국인 이민이 증가하였다. 특히 하와이에 미국인들의 이주를 허용한 후 이들은 육우사육·사탕수수 재배에 뛰어들어 멕시코, 일본, 중국인들의 노동력으로 농장을 운영하였다.

이후 하와이는 점점 미국에 경제적으로 속박당하다가 1898년 마침내 미국영토로 편입되었다. 미국은 아시아 태평양 진출을 목표로 삼고 있었기 때문에 하와이가 절실하게 필요하였고, 하와이 농장주들은 중국·한국 등 아시아지역의 값싸고 우수한 노동력이 필요하였다. 이러한 상황에서 하와이 농장주와 대한제국정부를 연결시켜 준 사람은 당시 주한 미국공사 알렌[15]이었다. 그는 1902년 휴가차 미국으로 갔다가 서울로 오는 길에 하와이에 잠시 들렀는데 이때 사탕수수 농장주 협회원들의 극진한 대우를 받으며 한인韓人 노동자 이민사업에 대해 논의하였다. 서울에 귀임한 그는 고종을 설득하여 이민사업을 성사시켰다.

당시 하와이는 중국인, 일본인 노동자들이 많이 유입되어 있었으나 백인 농장주들은 중국인과 일본인 노동자들을 견제하고 안정적인 인력 확보를 위해 한국으로 눈을 돌렸다. 당시 고종황제도 미국과 우호관계의 증진을 통하여 일본·러시아의 각축과 침탈로부터 국권을 지키고자

---

15 알렌(Allen, Herace Newton 1858~1932) : 미국 오하이오주 출신 선교사, 대한제국 주재 외교관. 고종 21년(1884) 서울의 미국 공사관 의사로 있을 때 갑신정변으로 부상한 민영익(閔泳翊)을 치료하여 완쾌시켰다. 그 후 미국공사관 서기관이 됐다가 총영사, 대리공사 등을 역임하였다.

했기 때문에 알렌의 제안을 받아들였다. 궁내부[16]에 외국 이민을 전담할 유민원綏民院을 설치하고 민영환閔泳煥[17]을 총재로 임명하여 이를 적극 추진하였다. 이에 따라 하와이 노동이민은 1902년에 이어 1903년 1,133명, 1904년 3,434명, 1905년 2659명으로 모두 7,226명[18]에 이르게 되었다. 이에 일본은 1905년 을사늑약으로 외교권을 빼앗은 후 이민을 제한하여 하와이에서 한인 노동자들이 일본인 노동자와 경쟁하는 것을 막으려 했다.

이와 같이 일본의 압력에 의해 1905년 대한제국이 이민금지령을 반포하여 돌연 한인들의 미주지역 이민이 중단되고 말았다. 유일한은 이민금지령이 내리기 전인 1904년 순회공사 박장현朴章鉉의 멕시코 순방을 따라 샌프란시스코에 도착했으나 유일한은 그곳에 머무르지 않고 내륙으로 들어가 미국 땅 한 가운데가 되는 네브래스카에 정착하게 되었다. 이는 기왕에 미국에 갈 바에는 변두리에 갈 것이 아니라 사통팔달四通八達하는 중앙지점에 가서 큰 사람으로 성장해야 한다는 부친 유

---

16 궁내부(宮內府) : 조선 말엽 왕실에 대한 모든 일을 맡았던 관청.

17 민영환(閔泳煥, 1861~1905) : 구한말 출신, 호는 계정(桂庭), 시호는 충정(忠正), 본관은 여흥 민 검호의 아들이다. 미국공사로 있다가 1896년 러시아 황제 니콜라이 2세의 대관식에 참석하였다. 군부대신으로 있을 때 영국, 독일 불란서, 오지리, 미국 등을 방문하였다. 신문에 밝았으며 처음으로 양복을 입고 외국을 방문하였다. 사신으로 외국에 나가 세운 공로로 훈1등에 올랐고 외부, 학부, 탁지부 대신을 역임했으며 1905년 을사늑약이 체결될 때 시종무관장(侍從武官長)으로 조약 폐기를 상소했으나 뜻을 이루지 못하자 각국 공사와 국민에게 고하는 유서를 남기고 단도로 자결하였다.

18 「1910년대 국외항일운동Ⅱ」, 『한국 독립운동의 역사 17』, 한국독립운동사 편찬위원회, 2008, 111쪽.

기연柳基淵의 뜻이었다. 미국에 가본 일이 없는 유기연은 지리적 중심지인 네브래스카가 미국의 가장 큰 도시인 것으로 잘못 인식하여 아들을 한가한 농촌벽지 네브래스카에 보낸 것이라고 한다.

Newlhan

제2장
미주대륙에 던져진 밀알

Newlthan

PART 01

유일한의 가계

잠시 유일한의 가계를 살펴보면 유일한의 아버지 유기연은 전통적 유교 가정인 경북 예천군 지보면 대죽리에서 진주류씨 시조 류정柳珽의 26세손으로 태어났다. 류정은 고려 최씨 무인정권의 실력자로 벼슬이 상장군에 이르고 진강부원군晉康府院君에 봉해진 최충헌의 외조부이며 그의 아들 류숙柳淑, 손자 류돈식柳敦植, 증손 류홍림柳洪林, 현손 류부柳榑 등 5세가 모두 지금의 진주 부원군에 봉해져 진주류씨가 되었다.

고려 무신정권의 실권자 최충헌崔忠獻이 진강후晉康候에 봉해지고 진주 땅을 식읍으로 받았는데 이는 진주류씨의 시조 류정이 바로 최충헌의 외조부인 연고로, 외가인 진주를 기반으로 진강후에 봉해지고 진주를 식읍으로 삼은 것이다.

류정의 7세손 진천군晋川君 류지정柳之淀의 21세손인 유일한은 진주

▼ 진주류씨구담세거비 : 소재지 경북 안동군 풍천면 구담리 하나고개(예천군 호명면 금릉리 경계).

류씨 진천군 파이다. 류지정의 손자 재신공 宰臣公 류휘종 柳暉宗은 두문동 72현의 한사람으로 예천군지에 기록되어 있으며 상주인 문충공 김득배 金得培의 사위이다. 류휘종의 증손자 류유 柳牖는 호가 구암 龜菴이며 안동김씨 김계권 金係權의 사위이다. 진주류씨 족보에 의하면 김계권은 안동시 풍천면 소산리 素山里로 낙향한 김삼근 金三近의 장남이고, 그의 동생이 도승지와 성균관 대사성을 역임하여 널리 알려진 보백당 寶白堂 김계행 金係行이다.

김계권은 예천군 용문면 예천권씨 제평공 齊平公 권맹손 權孟孫의 사위이니 권맹손은 류유의 처외조부가 된다. 용문 귀래곡 歸來谷에 정착한 변희리 邊希李는 류유의 사위이다. 이런 연고로 류유는 연산군의 난정을 피하여 예천 용문면 구계리로 은거하였다. 세조의 두터운 신임으로 많은 불사를 일으킨 유명한 학조대사 學祖大師는 김계권의 아들이다. 류유의 아들은 감찰공 監察公 류자담 柳自潭이고, 류자담의 증손자 둔와공 遯窩公 류성춘 柳成春이 임진왜란 때 의성으로 피난하였으나 아들 류한 柳漢은 용문면 구계리를 떠나지 않고 선영을 지킨 것으로 보인다.

▼ 권맹손의 묘   ▼ 류유의 묘
▼ 묘의 소재는 경북 예천군 예천읍 갈구리이다.

　류성춘·류광춘柳光春은 유일한의 11대조이며 이들 류씨 집안은 안동 구담 당시에는 용궁 구담이었다.에서 퇴계의 직전 제자로 그 학맥을 이은 이름 높은 선비 유일재惟一齋, 김언기金彦璣의 문인으로 학문이 크게 일어났으니 류호柳浩, 류종柳淙, 류경번柳景蕃, 류후재柳厚材 등이 모두 예천, 안동지역에서 이름을 떨쳤다. 이 중 류후재는 유명한 목재木齋 홍여하洪汝何의 제자이며 유일한의 7대조이다.

　류후재의 아들 류세윤柳世潤은 학문이 높았으나 명리를 떠나 조용히 오직 수기지학修己之學에 몰두했는데 지보 대죽리에 정착한 것은 이때부터이다. 류세윤의 아들이 류응화柳應華이고, 류응화는 유일한의 5대조이다. 당시 향방에서 학문으로 이름 높은 죽하竹下 류학수柳學秀는 유일한의 증조부이다. 이들 류씨 가문의 가풍이랄까 특징은 모두 높은 학문의 경지에 이르렀으나 과거에 응시하거나 벼슬길에 나아가는 사람이 별로 없다는 것이다.

대부분이 문집을 남기고 유일재 김언기, 목재 홍여하, 우헌愚軒 채헌징蔡獻徵 등 이름있는 선비들과 사제관계를 맺어 문장과 학문으로 이름을 떨쳤다. 그 중 서지재捿遲齋 류해종柳海宗, 죽하竹下 류학수柳學秀 등은 유일한의 직계존속은 아니지만 부항父行과 조항祖行이다. 이러한 환경에서 자라난 유기연은 구한말 전국을 무대로 행상을 하면서 견문을 넓힌 것으로 보인다. 고향인 예천군 지보면 대죽리를 언제 떠났는지는 알 수 없으나 그의 부조父祖의 산소가 모두 지보 대죽리에 있는 것으로 보아 그도 어린 시절을 고향 대죽리에서 보낸 것 같다.

유일한은 기업에 친인척을 각별히 거두지 않는 것으로 유명하지만 1950년대 지보 출신 청소년들이 대부분 유한공고 출신이 많고, 현재 생존하고 있는 류병두柳炳斗 씨와 류득상柳得相 씨는 '지보 신풍초등학교에 다닐 때 새 학기마다 유일한 사장이 전교생에게 보냈다고 하는 학용품 일체를 몇 번인가 받은 일이 있다'고 회고하였다.

또 신풍초등학교 교문을 유일한이 세운 것으로 알고 있는데 지금은 폐교가 되어 학교 건물 자체도 없어졌지만 신풍초등학교 후원자 명단에 유일한이 제일 위에 기재된 것도 유일한이 예천인이기 때문이다.

PART 02

아버지 유기연과 남강 이승훈

유일한의 아버지 유기연은 유가儒家의 가풍 속에 1861년 유진수柳鎭秀의 아들로 태어났다. 유교에 뿌리를 둔 전통적 관습에 얽매이는 것을 싫어했던 유기연은 일찍이 개화에 눈을 뜬 것으로 보인다. 단발령이 내리자 목숨을 걸고 거부했던 유생들과는 달리 스스로 자신의 상투를 잘라버렸다고 하니 개화에 굳은 신념이 없고서는 결행할 수 없는 일이기 때문이다.[19]

뿐만 아니라 유기연은 부인 김기복 초명 김확실金確實이 기독교를 믿지 않는다고 이혼을 결심할 정도로 독실한 크리스찬이었던 것으로 보아 유일한 또한 어릴 때부터 교회에서 서양문물을 접했을 것이다. 교

---

[19] 『나라사랑의 참 기업인 柳一韓』, 유일한 전기 편집위원회, 동아출판사, 1995, 66쪽.

회는 그 당시 개화파 지식인들의 집결지나 마찬가지였다.

그 무렵 독립협회를 비롯한 애국계몽단체가 중심이 되어 민족교육운동에 관심을 기울이고 있었으나 국가의 운명은 점점 기울어져 가고 있었다. 이때 이승만, 정순만, 박용만 등 개화파 지식인들은 서양문물을 받아들이는 개화만이 나라를 구할 수 있다는 계몽 강연에 열을 올렸다. 이들의 강연에 감명을 받은 유기연은 자신의 장남인 유일한을 미국에 보내기로 결심하게 된다.

보부상이었던 남강南岡 이승훈李昇薰, 1864~1930 이 모란봉에서 개최된 시국 강연회에서 도산島山 안창호安昌浩, 1878~1938 의 강연에 깊은 감동을 받아 그 길로 상투를 풀어 머리를 깎고 "우리가 살길은 교육을 통해 힘을 기르는 것이다."라고 말했다. 이때부터 남강은 교육사업과 독립운동에 뛰어들었고, 고향에 돌아가 강명의숙講明義塾 과 오산학교五山學校를 세우고 3·1운동 때 민족대표 33인 중의 한 분이 되었다. 남강이 그러했듯이 유기연도 전국을 누비는 보부상으로 평양에 머물면서 이들의 강연에 매료되었다.

아닌 게 아니라 남강 이승훈과 유기연은 닮은 점이 너무나 많다. 남강과 유기연은 다 같은 평범한 상인이었다. 그들 생애의 극적 전환은 상업활동 속에서 서서히 닦아진 것으로 보인다. 일본상인의 진출로 한인상인들의 활동이 위축될 수밖에 없는 환경 속에서 민족의식이 점차 일깨워졌으며, 남강은 도산 안창호의 시국강연을 듣고 유기연은 박용만의 강연을 듣고 개화사상에 눈을 뜨게 되었다. 또 머리를 깎고 기독교인이 되어 온 집안에 소동을 일으킨 것도 공통점이다.

이와 같은 이들의 절실한 감정은 아무런 마음의 준비 없이 시국강연을 한 번 듣는 것만으로 이루어지지는 않았을 것이다. 일본 자본의 침략에 의하여 억압당하던 불안에서 오는 오랫동안의 의문이 깨우쳐졌기 때문이었을 것이다. 이른바 근대적인 민족에 대한 의식이 싹트게 된 것이다. 이들이 결행한 민족운동의 핵심은 기독교 신앙과 교육사업으로 압축될 수 있을 것이다. 남강과 유기연의 또 하나의 공통점은 모두 독실한 기독교인이었다는 점이다.

　남강은 기독교 장로이며 그가 세운 학교는 모두 기독교학교였다. 유기연은 미북장로회의 선교사로 한국에 와 있던 사무엘 마펫S. A. Moffet: 숭실학원 설립자에게 세례를 받았다. 남강은 보다 많은 돈을 모아 국내 굴지의 거부가 된 후 오산학교를 비롯하여 많은 학교를 세워 육영사업에 전념하였고 유기연은 학교 일과 자녀교육에 남다른 면을 보였다. 두 사람은 무모하리만큼 굳센 의지와 강한 결단력도 흡사했다. 이들의 성격을 반영하는 재미있는 일화가 있다. 김정선金正善 선생이 학교 졸업 후 아직 직장을 못 구하고 있을 때 남강을 만났다고 한다. 무슨 일을 하고 있느냐는 질문을 받고 아직 그냥 집에서 놀고 있다고 답하자 남강은 여러 사람이 있는 앞에서 "너 내일부터 남의 사랑방 요강부시기라도 해라, 젊은 놈이 놀고 있다니" 하고 호된 꾸중을 하더라고 한다. 유기연이 평양에서 냉면집을 할 때 식초를 지나치게 많이 사용하는 손님에게 기어이 식초값을 별도로 받았다는 웃지 못할 일화가 있다. 그러나 이들은 써야 할 곳에 필요한 돈은 아끼지 않았다. 모두가 독립운동 기금이나 재난에 대한 의연금 출연에는 거금을 아끼지 않았던 점도 비슷하다.

▼ 유학가기 전의 유일한.

유기연이 9살인 맏아들 유일한을 대한제국 순회공사였던 박장현을 따라 미국에 가게 한 것도 보통 사람으로서는 엄두도 내지 못할 일이다. 유일한이 당시 넓은 미국 땅에서 워싱턴이나 뉴욕 혹은 태평양 연안의 샌프란시스코 등 교육면이나 환경면으로 좀 더 질 높은 교육을 받을 수 있는 지역이 얼마든지 있음에도 하필 다른 지역에 비해 상대적으로 개발이 늦은 네브래스카에 정착하게 된 데에는 웃지 못할 재미있는 이유가 있다. 미국을 한국식으로 생각한 유기연이 미국에서 가장 발달한 지역은 아무래도 대륙의 중심일 것이라고 생각하고 아들을 미국의 중앙에 데려가 달라고 부탁했다는 것이다.

그 결과 지역적으로는 미국의 중앙이지만 아주 낙후된 농촌지역인 네브래스카주로 가게 된 것이다. 유일한의 미국유학을 결정한 유기연의 중대한 결심은 매우 훌륭한 선각자의 모습이지만 그 방식은 절대적인 가부장 중심의 가정에서나 있을 수 있는 일이었다.

당사자인 유일한이나 심지어 자기 부인인 유일한의 어머니와도 아무런 상의 없이 내린 결정이라 이를 알게 된 유일한의 어머니가 자살이나 이혼까지 결심할 정도였다니 그 충격이 어느 정도였는지 짐작할 수 있겠다. 아직 한성서울 구경도 못해본 아들에게 머나먼 나라 미국이라니. 더군다나 유일한은 대를 이을 장남이 아닌가. 유기연이 아내의 결사적인 반대에도 미국 유학을 관철시킨 것은 결국 미국과 서양문물에 대한 그의 흔들리지 않는 믿음이 있었기 때문일 것이다.

자식을 세계에서 가장 부강한 선진 미국에 유학보내어 좀 더 큰 인물로 만들어 보겠다는 아버지로서의 바람과 의지가 있었기 때문에 어머니의 결사적인 반대에도 불구하고 결국 유일한은 미국으로 떠나는 배에 올랐다. 몇 개월이 걸릴지 모르는 먼 길을 떠나는 유일한에게 유기연은 나름대로 넉넉하게 용돈을 주었지만 유일한은 배에서 그 돈을 몽땅 잃어버리고 수중에 돈 한 푼 없는 알거지가 되었다. 배에서 제공하는 식사야 있었겠지만 그 나이에 군것질할 돈은 필요하기 마련이다. 이때 어린 유일한은 가난의 괴로움과 돈의 중요성을 뼈저리게 느꼈을 것이다.[20]

사실 유일한은 상술이 뛰어난 아버지가 장사를 한 관계로 부유한 집안에서 자란 것으로 보인다. 유일한이 미국에 유학을 가기 직전에 찍은 기념사진을 보면 1904년대의 사진으로 볼 수 없을 정도의 세련된 옷차림을 하고 있었다. 그 당시 대부분의 사람들이 상투를 틀고 한복을 입을 때인데 양복을 맞추어 입은 유일한의 모습은 아버지 유기연이 매우 개화된 재력가임을 짐작하게 한다.

유일한이 1906년 미국에 간 이듬해에 미국 샌프란시스코에 재난이 발생하자 한국에서는 재미동포를 위한 모금운동이 펼쳐졌다. 철저한 상인이었지만 나름대로 민족의식을 가지고 있던 유기연은 먼 타국에서 고생하는 재미동포를 돕기 위한 성금으로 당시로서 거금인 5원의 의연금을 냈다.[21]

유일한이 미국 유학을 간 몇 년 뒤인 1910년 일제는 대한제국을 강

---

20 『나라사랑의 참 기업인 柳一韓』, 유일한전기 편찬위원회, 동아출판사, 1995, 72쪽.
21 위 저서, 73쪽.

제병탄하여 한국을 세계에서 가장 악랄한 식민지배로 통치하였다. 이에 유기연은 식솔을 데리고 북간도 연길로 이주하였다. 그 당시 정신여고에 다니던 큰 딸이 독립운동가들 사이에 비밀 연락임무를 수행했다는 이유로 일본 경찰의 감시를 받게 되자 평양에서 북간도로 떠난 것이다.[22]

그때 북간도 용정에는 이상설 李相卨, 1871~1917, 이동녕 李東寧, 1869~1940 등 독립운동가들이 설립한 서전서숙 瑞甸書塾[23]이 있었으나 일제의 탄압으로 폐교되자 김약연 金躍淵, 1868~1942 등 민족 운동가들이 용정촌 龍井村 인근의 황무지를 개간하여 마을을 만들고 후일 민족교육운동의 요람으로 성장한 명동학교의 전신인 명동서숙 明東書塾을 설립하였다. 김약연은 독립운동가이자 교육가로 명동교회 목사이기도 했으며, 1913년 만주에서 조직된 독립운동단체인 간민회 墾民會 회장이었다. 간민회는 간도지역 한인들의 민족주의 교육과 자치를 담당한 1910년대의 대표적인 자치단체로 1909년 이동춘 李同春[24]이 발기한 간민교육회

---

22 위 저서, 73쪽.

23 서전서숙(瑞甸書塾) : 1906년 중국 지린성(吉林省) 연지현(延吉縣) 롱징춘(龍井村)에 이상설, 이동녕 등이 간도에 있는 한국인 자제에서 교육을 통해 독립사상을 고취할 목적으로 세웠으나 일제의 탄압으로 1년 만에 폐교되었다.

24 이동춘(李同春, 1872~1940) : 함경북도 회령 출생, 호는 우화(雨華) 1894년 위안스카이(袁世凱)가 왔을 때 통역관으로 활동하였으며 그 후 동북만주로 이주하였다. 1910년 이후 만주로 건너온 안창호, 이동휘, 안중근 등 애국지사들을 자택에 기숙하게 하였다. 만주에 대한 중국법령이 공포되어 교민들의 토지가 몰수될 지경에 이르자 총통 위안스카이를 찾아가 그 법령을 철회케 하고 간민(墾民)이란 이름으로 한인들의 토지소유를 합법화하도록 하였으며 자신의 집을 간민회관으로 기증하였다. 간도 전역에 중·소학교 70여 개를 세워 인재양성과 교민보호에 진력하였다.

▼ 명동학교 : 1908년 명동촌의 여러 서숙들이 통합해 명동서숙이 설립되었고, 1909년 명동학교로 발전했다. 북간도에 3·1운동이 전파되자, 명동학교의 교사와 학생들은 독립운동에 적극 가담했고, 대한국민회의 본부가 되었다.

가 그 모태이다.

유기연은 북간도 이주 후에는 명동서숙의 운영에 참여하였다. 그는 또 정재면(鄭載冕)[25]의 건의를 받아들여 구한말 구국계몽기에 결성된 대표적인 항일 비밀단체인 신민회(新民會)가 북간도에 파견한 교육단의 일원으로 명동학교의 재무를 맡아 보았다. 이처럼 뜻있는 인사들에 의해 만들어진 명동학교는 일제와 중국 등 외부의 간섭을 피하고 독자적인 민족교육을 실시하기 위하여 기독교 학교로 개편하였으며, 이로 인해 일본의 마수를 피할 수 있었다. 이 명동학교를 중심으로 활동하던 민족운동가들은 북간도의 전 한인사회를 대상으로 한인들의 자치와 경제

1977년 건국포장, 1990년에 애국장이 추서되었다.

[25] 정재면(鄭載冕, 1882~1962) : 평안남도 숙천 출생, 호는 벽거(碧居), 일광(一光), 우산(雨山), 병태(秉泰)라는 이명(異名)을 사용키도 한 독립운동가이다. 1907년 서울 상동교회(尙洞敎會) 부설 중등학교인 기독청년학원 졸업, 안창호, 신채호, 이동휘 등이 항일 비밀결사로 조직한 신민회(新民會) 가입, 원산(元山)의 보광학교 교사로 재직하며 신민회의 교육구국운동에 참여, 1909년 신민회가 민족교육을 위해 조직한 「북간도 교육단」의 실무 책임자로 룽징(龍井)으로 파견되어 명동학교 교사로 초빙되었다.

▼ 강제병탄 이후, 유기연의 가족들은 평양에서 북간도로 이주했다.

적 향상을 도모하고 이를 바탕으로 독립운동을 추진하려는 목적으로 1913년 4월 간민자치회墾民自治會를 설립하였다. 그러나 북간도까지 자신들의 지배하에 두려던 일제는 1920년 훈춘사건琿春事件[26]을 조작하여 만주에 파견된 일본군으로 하여금 독립운동에 헌신할 인재를 양성하던 명동학교를 폐교하였으며 중국정부를 협박하여 간민자치회를 해산하

---

[26] 훈춘사건(琿春事件) : 3·1운동을 계기로 활발해진 한만 국경부근의 독립군을 토벌 계획을 세워 중국 마적단 두목(長江好)과 내통하여 훈춘의 일본영사관을 공격하도록 사주했다. 약속대로 400여 명의 마적단이 1920년 10월 2일 훈춘성을 공격. 일본공사관을 불태우고 중국인, 한국인과 수명의 일본인을 살해한 사건. 일본은 이 조작된 사건을 구실로 3개 사단을 출동시켜 봉오동전투와 청산리전투에서 패한 설욕으로 한국인 3만여 명을 학살한 사건이다.

도록 하였다.

상업 장사에 남다른 지혜를 가진 유기연은 북간도에서 냉면집 등 여러 가지 장사를 시작하였다. 그는 이때 아들 유일한이 미국에서 보낸 100달러로 땅을 사서 농장을 경영하는 등 사업에 남다른 수완을 발휘했다. 당시 유기연이 거주하는 간도의 용정국자가龍井局子街에 자주 손님들이 찾아와 하룻밤 묵어가는 일이 있었는데 그들이 어떤 사람인지는 가족에게조차 말하지 않았으니 대개 이들은 독립운동가들이기 때문이다. 유기연은 이들에게 독립운동 자금을 제공했음이 분명하다. 이는 상해임시정부에 유기연이 막대한 자금을 제공했다는 기록으로도 충분히 짐작할 수 있다. 이처럼 그는 단순한 상인이 아니라 매우 높은 애국심을 가진 독립운동 후원자였다. 그는 아침에 일어나면 반드시 애국가를 부르는 것으로 하루일과를 시작했다고 한다. 독실한 기독교 신자였던 그는 애국가를 「피난처 있으리」라는 찬송가 곡조에 맞추어서 불렀다고도 한다. 북간도에 정착한 한인들은 대개 한 가지 공통점을 가지고 있는데 그것은 자녀에 대한 교육열이었다. 그중에서 특히 유기연의 교육열은 다른 사람이 흉내 내지 못할 정도였다고 한다.

장남 유일한은 미국으로, 차남은 러시아, 3남은 중국 그리고 5남은 일본으로 유학을 시킬 정도였으며 그의 자녀는 모두 6남 3녀였다. 북간도 용정의 국자가에 살던 유기연은 1925년 유일한이 귀국한 후 다시 평양 상수리로 이사하여 여생을 보내다가 1934년 8월 향년 73세로 사망한다. 기독교 신자였던 그는 평양의 예수교 묘지에 안장되었다.

PART **03**

물기 없는 사막에 뿌리내린 기적

유일한은 9세의 어린 나이로 미국의 중앙부에 해당하는 네브래스카주 커니Kearney라는 작은 농촌도시에 정착하게 된다. 경북 예천군 지보면 대죽리에서 출생하여 젊음의 꿈을 안고 여기저기 행상으로 유랑하던 유기연이 정착한 곳은 당시 한국에서 가장 개화된 제2의 도시 평양이었다. 그곳에서 충주김씨 김기복과 결혼하여 정착하게 된 것이다. 평양은 당시 한국의 예루살렘이라고 불리울 정도로 장로교 중심의 기독교 분위기였다.

유일한의 부친 유기연도 크리스찬이 되었다. 새로운 정신세계에 접하여 근대화의 조류에 맞닿게 되자 어렵지 않게 선교사들을 자주 접하게 되었다.

당시 평양은 숭실전문학교를 비롯한 숭실·숭의여자·광성·정의여

자중학교와 숭인상업·장로교평양신학교 등 교육과 문화운동이 넘치고 있었는데 대부분이 선교사들에 의해 기독교 정신으로 운영되었다. 유기연은 기독교와 교육계는 물론 산업·경제분야에도 관심을 갖게 되어 농수산물 도매상, 미국의 손재봉틀 싱거미싱의 평양 대리점을 경영하였다. 이것으로 보아 그의 재력과 사업경륜은 대단하다고 할 수 있다.

이 무렵 이승만李承晩, 박용만朴容萬, 정순만鄭順萬, 1873~1911 등 이른바 '3만'[27]이란 인물들이 나타나 대한의 구국운동과 개화정신을 고취하는 강연을 하였으며 그들은 민족의 장래를 위하여 뜻있는 청년들을 미국에 유학시켜 인재를 길러야 한다고 호소하였다.

이런 환경 속에서 유기연은 맏아들인 유일한의 미국 유학을 결심한

---

27 3만 : 미국지역의 걸출한 독립운동가 중 이름이 '만'으로 끝나는 이승만(1875~1965), 박용만(1881~1928), 정순만(1873~1911)을 말한다. 박용만과 정순만은 일본의 황무지 개간권 요구를 반대하는 보안회 활동을 벌이다 투옥되었고 이때 수감 중인 이승만과 함께 형제의 의를 맺고 3만이라 했다. ㅇ이승만은 황해도 평산 출신으로 미국 프린스턴대학에서 국제정치학 박사 학위를 받고 대한민국 초대·2대·3대 대통령을 지냈다. ㅇ박용만은 강원도 철원 출신으로 1904년 미국으로 건너가 네브래스카주 링컨고등학교에서 1년간 수학, 1906년 헤이스팅스대학 정치학 학사, 1909년 네브래스카의 커니 농장에 한인소년병학교 설립, 미주지역「신한국보」주필 역임 또 항일무장단체인「대조선국민군단」을 조직하여 군사훈련을 실시하여 130여 명을 독립전쟁에 대비한 인원으로 확보했다. 1926년 독립운동기지 건설을 목적으로 북경에 대본공사를 설립, 중국의 미개간지를 구입, 독립운동 근거지를 마련하고 독립군 양성자금을 마련하려 했으나 1928년 북경에 대본공사를 추진하던 중 그해 10월 17일 동향인 이해명의 권총 저격으로 피살되었다. ㅇ정순만은 충청도 청원 출신으로 일명 왕창동(王昌東), 정양필(鄭良弼)이라 한다. 1896년 이승만·윤치호(尹致昊) 등과 함께 독립협회 창립에 참여, 1989년 만민공동회 도총무부장으로 활약하다가 체포, 1902년 미국으로 건너가 이승만·박용만과 재미동포에게 독립사상고취. 1905년 만주로 가서 용정에서 이상설(李相卨), 이동녕(李東寧) 등과 함께 서전서숙(瑞甸書塾)을 설립, 민족교육과 독립군 양성에 주력, 1907년 안창호, 김구와 신민회(新民會) 조직, 1910년 국권의 상실 전후에 노령에서 활약하였다.

▶ 유년 시절의 유일한.

것이다. 네브래스카주는 로키산맥 동쪽으로 농업과 목축업을 주산업으로 하는 미국에서도 개발이 늦고 낙후된 지역이었다. 유일한이 간 곳은 네브래스카주 커니라고 불리는 작은 농촌이었다. 거기 침례교 목사는 유일한을 커니시의 터프트Tuftt 부인 집에 스쿨보이School boy로 들여보냈다. 스쿨보이란 미국의 속어俗語로 동양학생이 백인의 집에 더부살이로 있으면서 집안의 잡일을 해주고 숙식과 약간의 용돈을 받는 형태를 일컫는 말이다. 유일한이 터프트 부인 집에 갔을 때는 터프트 부인의 남편과 아들은 사망하고 38세와 36세의 두 자매가 사는 매우 고적한 집이었다. 교회가 한국의 소년을 받기로 알선했고 두 자매는 유일한을 양육하고 보호하는데 가장 적절한 가정으로 선발되었던 것이다. 따라서 이 씩씩한 한인소년은 두 자매의 가족이면서 교회의 일원으로 커니 동네의 관심과 주목을 받으면서 자랐다. 일이 이렇게 쉽게 풀린 것은 박용만과 박장현이 커니시에 정착하면서 그 지역 유지들에게 한인 '스쿨보이'들을 각자 집에 두어 보라고 권고하였기 때문이다. 그 결과 어린 학생들이 숙식할 곳을 쉽게 마련할 수 있게 되었다. 그런데 여기서 한 번 짚고 넘어갈 것은 유일한이 박장현을 따라 미국 샌프란시스코에 도착한 것은 1905년이고, 커니시의 터프트 부인 집에 들어간 것은 1908년이니 3년 동안 어디에 있었는지는 그 자료가 분명치 않다는 점이다. 1905년 9월 27일 샌프란시스코에 도착한 후 미국 이민국에 보고된 자료에 의하면 박장현은 워싱턴 한국공사관으로, 이종희는 오클랜드의 박용만에게로 유일한과 이관수는 로스앤젤레스의 셔먼 부인에게로 그들의 목적지가 제각각으로 기록되어 있다. 셔먼 부인은 남편과 함께 선교사 부부로 내한했다가 남편이 순교하자 홀로 미국으로 귀국하여 한인 유학생을 위해 LA에 연합감리교회를 세웠다.

독립협회 청년회원 가운데 제일 먼저 미국에 도착한 신흥우 申興雨, 1883~1959 는 셔먼 부인의 주선으로 LA남가주대학을 다녔다. 셔먼 부인 내외는 서울에 있을 때 1898~1900, 만민공동회에서 정부를 비판한 이승만을 숨겨 주었다. 또 1899년 1월 수구파 대신들의 책동을 받은 고종이 만민공동회의 지도자를 체포할 때 투옥된 이승만이 고문을 당하지 않도록 감옥을 여러 번 방문하기도 했었다. 따라서 감수성이 예민하고 사상이 형성되는 청소년기에 한국에 대해 각별한 애정을 가졌을 뿐 아니라 한국의 풍속과 한국인의 정서에 어느 정도 익숙해 있었던 셔먼 부인의 집에 머무른 것은 유일한으로서는 매우 큰 행운이었을 것이다. 그러나 셔먼 부인의 집에 얼마나 머물렀는지는 자료를 찾을 수 없었다.

이 한인소년은 네브래스카주 커니시의 자애로운 두 자매의 집에 맡겨져 양육되었고, 초·중학교를 마치고 그 인근 시에서 고등학교와 대학까지 다녔으니 그로서는 미국이 제2의 고향이 된 셈이다. 그러나 두 자매의 집에 있었기 때문에 초등학교 때부터 신체적인 노동은 대개 그에게 부과되었다. 물을 길어야 했고 땔감용 장작을 마련하여야 했다. 그 지역의 주 연료가 석탄이었기 때문에 그 운반과 준비도 유일한의 몫이었다. 그러나 유일한은 그의 선천적인 적응력과 적극적인 성격으로 곧 그 생활에 익숙해졌고 가정적인 분위기에 동화되었다. 겨우 9살밖에 되지 않았던 유일한이 언어와 환경이 다른 백인들만 있는 이국땅에서 극한 상황의 고독을 이겨내고 낯선 환경을 쉽게 극복할 수 있었던 것은 이러한 가정환경이 큰 몫을 한 것으로 보인다. 실제로 유일한의 딸 유재라의 말에 따르면 아버지 유일한에게 일생을 통하여 가장 큰 생활의 지침과 방향을 일깨워 준 사람은 커니의 두 자매였는데 그 가정에서 물려받은 두 가지는 기독교적인 인생관과 근면과 절약의 생활관이었다는 것이다. 어린 유일한의 미국 생활 적응은 기적이라고 설명할 수밖에 없다. 물기 없는 사막에 뿌리를 내리고 자란 그 밀알을 어찌 평범하다 할 수 있겠는가? 그 원인은 결국 아버지 유기연이 물려 준 혈통의 의지력과 커니시 두 자매의 가정적 돌봄일 것이다. 아버지 유기연은 젊

▶ 유일한의 자서전.

을 때부터 남다른 면이 있었다고 한다. 장대한 체구에 보기 드문 카이젤 수염, 남들이 생각해 낼 수 없는 독창적이며 돌발적인 일들을 꾸미는 개성이 강하고 굴하지 않는 성격의 소유자임은 앞에서 도 엿볼 수 있었다.

유일한은 자신이 어렸을 때를 회상하며 한국의 풍습을 소개하는 글 『When I was boy in Korea』를 남기기도 했다.[28] 주로 간식에 얽힌 군밤에 대한 이야기와 군밤장수에 대한 기억, 어릴 적부터 책과 가정교사에 둘러싸인 이야기, 목장에 가서 소를 탄 이야기 등이 쓰였다. 이것으로 보아 부유한 가정에서 어려움 없이 자라던 그가 이역만리 낯선 생활에 곧 적응하면서 남다른 의지와 신념을 갖게 된 것은 "미국에 가서 열심히 공부하여 훌륭한 인물이 되어 돌아와 조국을 위해 일해야 한다."는 아버지의 간곡한 부탁과 충고 때문이었을 것으로 생각된다.

그러나 이보다 더 중요한 것은 유일한이 가장 감수성이 강한 9살부

---

[28] 유일한, 『한국에서 나의 어린 시절When I was boy in Korea』, 1928년, 미국 보스턴에서 발간, 한국의 풍습, 전통, 민담, 의상, 언어습관, 명절놀이 등 1900년대 초를 중심으로 그의 어린 시절 추억들을 통하여 한국인의 정체성을 추구한 회상기이다. 1995년 1월 유일한의 탄신 100주년 기념사업의 하나로 발간된『나라사랑의 참 기업인 유일한』 전기 부록편에 실려 있다.

터 7년간 커니의 두 자매와 지내며 그 마을 분위기에서 많은 것을 배우고 인성이 형성된 것으로 보인다. 그는 일생동안 두 자매의 사랑과 교육에 감사해 했다는 것이 그 증거이다.

유일한이 미국에 도착한 다음 해인 1905년 일본의 강압에 의한 을사늑약으로 국권을 잃기 시작하여 2년 후인 1907년 고종황제가 강제 퇴위되었다. 1910년에는 결국 국가의 주권을 빼앗겨 대한제국은 세계지도에서 자취를 감추게 되었으니 이때 유일한의 나이 15세였다. 이러한 역사의 소용돌이 속에 유일한은 막연하게나마 열심히 공부하여 민족을 위해 일해야 한다는 의지와 신념이 굳혀진 것으로 보인다. 그리고 그의 타고난 성격과 조국에 대한 정열적인 애국심이 내일을 기약하는 기적을 낳게 했을 것이다. 유일한은 평범하게 초등학교 과정을 끝내고 고등학교 과정을 밟기 시작하면서 두각을 나타내기 시작했다. 공부도 궤도에 올랐을 뿐 아니라 친구관계·책임감 등 모두 우수한 위치에 올라섰다. 그때만 해도 우리나라와 달리 미국교육은 학업과 더불어 운동·예능분야의 활동이 필수적이었고 친구들 간의 리더십 양성도 교육의 필수조건이었다. 유일한은 육상경기를 즐겼고, 미식축구팀의 센터 포워드였다. 이제 그는 고독한 모래밭에서 한 그루의 큰 나무와 같이 성장하였다. 유일한의 가족인 두 자매는 엄격했고 매사에 빈틈이 없었으나 소년기를 넘어서기 시작하는 유일한을 잘 이해해주었다. 그가 15살 때 가끔 여자친구와 데이트하라며 슬그머니 필요한 돈을 쥐어 주었을 정도였다고 유일한은 후일 그의 딸 유재라에게 그때의 기분 좋았던 추억을 자랑삼기까지 했다고 한다.

PART **04**

박용만의 한인소년병학교에 입교

유일한이 네브래스카 커니시 터프트 부인 집에 스쿨보이로 입주해 있던 1908년 가을 박용만은 네브래스카주 링컨시에 있는 주립대학에 편입하였다. 그해 겨울 방학 때 그는 한인소년병학교 설립을 위하여 박처후 朴處厚, 임동식 林東植과 상의한 후 농장을 얻어 생도들이 기숙할 곳을 정하고 미군이 쓰던 군용 총을 구매하였다. 또 농사에 종사할 사람으로 조진찬 曺鎭贊을 맞아들였다. 조진찬은 관리인의 주택이 있는 커니시에 농장을 임대하여 이듬해 1909년 6월 초 그곳에 소년병학교의 기旗가 게양되도록 하였다. 하기 군사훈련을 시행하기 위한 한인소년병학교가 설립된 것이다.

한인소년병학교는 국내외를 막론하고 조국의 자주독립을 위하여 제일 먼저 세워진 무관학교로 민족운동을 전개한 항일독립군 양성학

교이다. 그 이듬해 1910년 헤이스팅스시로 옮겨졌으며 1914년까지 6년 동안 167명이 등록하였고, 40여 명이 졸업하였다. 유일한 은 1909년 제1기생으로 입학하여 1912년에 졸업하였다. 박용만의 한인소년병학교가 설립된 2년 후인 1911년 서간도에 이회영이 신흥무관학교를 설립하였는데 그 교재와 교과내용에 한인소년병학교가 많은 영향을 주었다.

박용만은 1881년 철원에서 태어났으며 어릴 때 부모님을 잃어

▼ 소년병학교 조진찬 : 그의 막내며느리가 바로 '학교종'을 작사·작곡한 김매리 선생이다.

삼촌 박장현이 양육했다. 박용만은 삼촌을 따라 상경하여 서울 관립외국어학교에서 일어를 배웠으며 1년 뒤 일본 유학시험에 합격하여 국비장학생으로 일본 경응의숙 慶応義塾에서 정치학을 공부하였다. 그 무렵 일본에 망명해 있던 박영효 朴泳孝, 1861~1939 등 개화파 인사들을 사귀었다. 또 활빈당 活貧黨[29]에도 가입하여 활빈당의 국내 지방조직을 확장하기 위하여 귀국하다가 체포되었다. 그러나 삼촌 박장현과 미국 선교사

---

[29] 활빈당(活貧黨) : 동학농민운동 후에 남부지방에 남아있던 농민군이 집단을 만들어 저항운동을 전개했는데 이들은 홍길동전을 사상배경으로 삼고 각지에 출몰하여 부호의 재물을 빼앗아 빈민에게 나누어 주는 활빈(活貧)활동을 벌였다. 1905년 이후 의병(義兵)에 흡수되었다.

의 도움으로 수개월 만에 석방되어 삼촌이 세운 선천宣川의 사립학교에서 국어, 산술, 중국고전을 가르치다가 1904년 도미하였다. 이듬해 네브래스카주에 있는 링컨고등학교에서 1년간 수학하고 1906년 헤이스팅스대학에서 정치학 학사 학위를 취득하였다.

이때 일부 재미한인 지도자들 가운데 재미중국인들의 보황회保黃會와 밀접한 관계를 맺은 그룹이 있었다. 보황회는 광서개혁光緖改革을 주도했던 강유위康有爲가 창설했으며, 그의 참모 양계초梁啓超가 조직을 이끌고 있었는데 서태후西太后를 물리치고 개혁에 관심이 있던 광서황제光緖皇帝를 내세워 입헌군주국을 세우자는 것이 목적이었다.

재미한인 중 장경張景은 강유위, 양계초와 편지를 주고 받으며 재미화교들과 폭넓게 상대하였다. 장경은 도산 안창호安昌浩, 1878~1938가 이끄는 공립협회와 달리 1905년 대동교육회大同敎育會를 조직하고 교육진흥과 계몽에 목적을 두었다. 이 대동교육회는 1907년 대동보국회로 이름을 바꾸었고, 장경은 이 대동보국회를 통하여 신흥우, 이승만, 박용만 등과 긴밀한 관계를 가졌다. 이들 재미한인들은 재미중국인들과 교류하면서 군사학교를 설립하고 조국을 위한 인재 양성이라는 방략을 실현하는 데 많은 의견을 나누었다.

1907년 박용만은 덴버시에서 한인 노동자를 위한 직업 알선소와 여관을 경영하였다. 그리고 이때 대동보국회의 발기인이며 기관지 대동공보의 주필로서 조국의 독립을 위해 군사학교 설립이 필요하다는 주장을 펼쳐오던 백일규白一圭, 1880~1962도 박용만과 함께 네브래스카주 한인소년병학교를 세우는 데 적극 참여하였는데 그는 후일 소년병

▼ 네브라스카 주립대학 간부 후보생들과 함께한 박용만(셋째 줄, 오른쪽에서 세 번째).

학교 교사가 되었다.

1908년 박용만이 덴버시에서 네브래스카주 링컨시에 있는 주립대학에 편입하면서 한인소년병학교 설립이 급진전을 보이게 된 것이다. 소년병학교를 설립하는 데 정한경鄭翰景[30]은 조용한 가운데 커니시의 허가를 얻었고, 박용만은 네브래스카 주 정부의 허가를 받아 1909년 6월에 개교하니 이것이 해외 최초의 독립군관 학교였다. 첫 여름 생도들은 13명이었는데 여름 훈련은 조진찬의 농장에서 시작했다. 연령층은 14세의 최연소 김용성金容成에서부터 50세가 넘는 조진찬까지 격차가 매우 심했다. 커니시 조진찬의 농장에서 실시한 한인들의 군사훈련 소

---

[30] 정한경(鄭翰景 1891~?) : 평안남도 순천 출생, 1910년 미국으로 망명 샌프란시스코에서 한국독립을 목적으로 안창호, 이승만 등과 대한인국민회를 조직, 재미교포 자치활동과 독립정신 함양에 힘씀. 위임통치 청원서를 미국 대통령 윌슨에서 제출·상해임시정부 외무 의원 겸 비서 주임, 구미 방면 외교활동 강화. 1962년 독립장이 추서됨.

문은 여러 교회를 통하여 재빨리 전파되었다.

커니시에서 동남쪽으로 20km가량 떨어진 헤이스팅스대학의 재무이사 존슨PL Johson 은 직접 찾아와 대학의 기숙사와 학교시설 일부를 사용하라고 제의하여 1910년 4월 헤이스팅스대학으로 이전하였다. 이때 처음으로 여름 훈련 일부를 헤이스팅스대학에서 실시하였다. 소년병학교가 첫 여름 교육을 마쳤을

▼ 소년병학교가 여름동안 헤이스팅스대학의 시설을 쓸 수 있도록 주선해준 헤이스팅스대학의 재무이사, 존슨.

때 커니시의 지역신문에서는 「한인군사학교가 지난주에 성공적으로 첫 여름 학기를 마쳤다. 내년에 다시 열릴 것이다.」라는 제목 아래 한인 생도 13명이 군사훈련을 모두 마치고 각기 다니는 정규학교의 가을 학기에 맞추어 돌아갔다는 내용이 실렸다.

소년병학교에는 구한말 군인이었던 두 교관이 있었다. 김장호金長浩와 이종철李鐘徹 이 바로 그들이다. 김장호는 커니군사고등학교를 거쳐 블리스군사학교에, 이종철은 커니군사고등학교에 재학하고 있었다. 한인소년병학교 생도들은 이 두 구한말 군인교관들로부터 한국식의 산병교련散兵教鍊 을 배우면서 자부심을 느끼게 되었다.

산병교련은 적전敵前 에서 병졸을 밀집시키지 않고 적당한 간격을 두고 흩어지는 각개전투 훈련을 말한다.

▼ 소년병학교의 교관들.

▼ 1910년 여름, 헤이스팅스대학 교정에서 소년병학교 교관과 생도들 : 앞줄 왼쪽에서 네 번째가 박용만, 가운데 줄 오른쪽에서 두 번째, 북을 앞에 놓고 있는 조오홍, 뒷줄 왼쪽에서 다섯 번째가 유일한.

▼ 1913년 헤이스팅스공립고등학교 졸업 앨범.

▼ 1919년 경의 김현구 : 사진 아래 왼쪽에 SHINN 1013 GRAND AV. K. C. MO(Kansas City, Missouri)라고 쓰여 있다.

소년병학교의 군사교육과 훈련시간은 세 번의 여름학기를 이수해야 하며 평균 훈련기간은 8주였으니 미국의 유수한 군사고등학교에 뒤지지 않았다.

한인소년병학교는 존슨 부부의 적극적인 협력과 주선으로 1910년 헤이스팅스대학에 정주했다. 1910년 6월 소년병학교 개학식 때는 군복을 입은 학생들이 헤이스팅스대학 교정 국기게양대에 태극기를 게양하고 조국의 자주독립을 위한 굳은 의지를 다졌으며 등록 생도수도 2배로 늘어났다. 존슨은 학생들이 공부를 열심히 하고 무예를 숭상하는 것을 아름답게 여겨 학교를 빌려줄 때 집뿐만 아니라 침상과 책상, 식당, 기구를 모두 빌려주어 학생들이 수저 하나도 사지 않게 하였으며 풍금 등 학습기구도 모두 사용하게 하였다.

이와 같은 헤이스팅스대학의 적극적인 후원에도 불구하고 박용만을 압박하는 것은 운영자금이었다. 박용만은 두 번째 여름학기가 시작되는 것을 본 뒤 소년병학교 기금을 모으기 위하여 운영에 대한 전권을 김장호에게 위임하고 한인들이 많이 사는 서부로 떠났으며 이와 관련하여 1910년 6월 20일자 현지 신문 Hastings Daily Tribune지는 다음과 같은 기사를 실었다.

▼ 네브라스카 주립사범대학의 박처후 (1912).

「헤이스팅스대학에 설립된 한인 소년병학교 교장 박용만씨는 오늘 아침 유타주 오덴시로 떠났다.」 박용만은 한인동포들이 사는 미국 서부의 크고 작은 재미 한인사회를 샅샅이 방문하여 일취월장하는 소년병학교를 홍보하고 재정적 지원을 요청하였다. 소년병학교 운영 구성원을 보면 1910년에는 5~6명의 교사뿐이었으나 마지막 해인 1914년에는 10명 이상의 교사가 다양한 과목들을 지도하였다.

1910년을 기준으로 구성원들을 정리해 보면 교장 박용만, 교사 백일규[31], 김현구 金鉉九, 박처후 朴處厚, 이종철, 박장순 朴璋淳, 김장호, 구영

---

[31] 백일규(白一圭, 1880~1962) : 평남 증산 출생 호는 약산(藥山), 1905년 하와이로 이민한 후 미국 내 독립운동단체에 뛰어들어 대동보국회 창립 발기인, 대한인국민회에 중책을 역임하면서 「대동공보」 주필, 경제학 서적 발간 등 유일한과 함께 미주지역에서 활약함. 1997 건국훈장 독립장 추서.

숙具永淑 등 모두 유학생들로 구성되었으나 이 중 박장순은 탄광광부이며 한학자였고 구영숙은 블리스군사고등학교 학생으로 나이 18세였다.

생도들은 정한경, 유일한 등 25명이고 이때 유일한은 15세로 커니공립고등학교 학생이었다. 훗날 유일한은 고등학교 재학 중 소년병학교에서 강도 높게 받은 군사훈련과 교육이 그의 심신을 기르고 기업 활동의 대담성, 모험성 구축에 큰 보탬이 되었다고 그의 딸 유재라에게 여러 번 회고했다고 한다. 또 그는 이 소년병학교를 통하여 교민사회에 넓은 인맥을 구축했고, 특히 박용만, 서재필 등 애국지사들과의 만남은 무엇과도 바꿀 수 없는 인생의 큰 수학이었다.

이 소년병학교 운영은 캘리포니아 교민들이 조진찬·정영기·김유성으로부터 600달러의 특별 출연금과 총 15정을 수집하는 한편 네브래스카주에 한인공회를 설립한 뒤 지역 내 모든 한인들을 가입시키고 1년에 3달러씩을 부과하여 소년병학교 재정을 충당하였다. 이 학교는 학기 중에는 각자의 학교에서 공부하다가 여름방학을 이용하여 군사훈련을 받는 하계 군사학교 체제로 3년 과정으로 운영되었으며, 1911년 제1회 졸업생 13명을 비롯하여 등록학생 167명, 졸업생 40여 명을 배출했다. 그러나 1912년 박용만 교장이 대한인국민회 북미지방총회의 초정으로 「신한민보」 주필로 간 후 박처후가 교장이 되어 2년간 유지했으나 6년 만에 폐교되었다.

▼ 1910년 여름, 소년병학교 야구반 : 앞줄 왼쪽에서 두 번째가 박길용, 세 번째가 유일한, 가운데 줄 왼쪽에서 두 번째가 정양필, 뒷줄 왼쪽에서 첫 번째가 김용성, 네 번째가 박용만, 다섯 번째가 정희원, 여섯 번째가 홍승국.

▼ 소년병학교의 휴식시간 : 뒷줄 왼쪽에서 세 번째가 정양필, 다섯 번째가 유일한이다.

▼ 소년병학교 제11기 생도 13인이 군사훈련을 받고 있는 모습.

▼ 미국 네브라스카주 헤이스팅스대학 구내에서 훈련 중인 소년병학교 생도들.

▼ 소년병학교의 체조시간. 등을 보이고 있는 이가 박용만이다.

▼ 소년병학교의 엎드려 쏘기 훈련. 뒤에 서 있는 이가 박용만이다.(1909년 여름)

▼ 사격 자세를 취하고 있는 소년병학교 생도들(1910년 헤이스팅스). 임동식(오른쪽에서 세 번째), 김용성(왼쪽에서 두 번째), 조진찬(왼쪽에서 세 번째).

▼ 헤이스팅스대학 교정의 국기게양대에 태극기를 게양하는 소년병학교 생도들(1910. 6).

PART 05

둥지를 떠나다

새가 자라면 둥지를 떠난다. 유일한은 제2의 고향인 커니마을을 떠나야 할 단계에 이르렀다. 커니시는 작은 마을로 마땅한 고등학교가 없었다. 두 자매와 머물던 커니의 집을 떠나 멀지는 않지만 헤이스팅스 Hastings 시로 가 고등학교 생활을 하게 된다.

이제 명실공히 청소년기를 맞게 된 유일한은 스스로를 책임지는 한 젊은이로서 자립을 결심한다. 집에서 학비를 대주는 것도 아니고 커니의 자매들로부터 경제적 보조를 기다릴 수도 없는 처지였다. 이것이 오히려 유일한에게 자주적인 정신을 기르는 계기가 되었다. 헤이스팅스의 고등학교에 모여든 학생들은 유일한과 비슷하게 모두 우수하고 뜻 있는 청소년들이었다. 유일한은 그들과 섞여 공부하고 생활하면서 자

▼ 고교시절, 미식축구선수로 맹활약한 유일한(앞줄 중앙).

신의 능력과 인간적 자질을 긍정적으로 펼쳐나가기 시작했다. 그는 마음속으로 이만하면 나도 미국 친구들 못지않게 무슨 일이든 해낼 수 있다는 자부심을 얻게 되었다.

　유일한은 초등학교를 다닐 때 이미 신문배달과 아르바이트로 학비를 벌었던 경험이 있었기 때문에 고등학교에서 어느 정도 자신감을 가지고 있었다. 경제적으로 독립해서 공부해야 할 형편임을 잘 알고 있었고, 다행스럽게도 그는 육상경기에 뛰어났을 뿐 아니라 미식축구 선수로 장학금까지 받게 되었다. 이로써 그는 학비 조달에 큰 어려움을 겪지 않았다. 그의 축구 실력은 미국에서 최고의 선수가 될 것으로 기대된다는 평가를 받을 정도였다. 당시 헤이스팅스고등학교의 축구선수인 유일한은 교내에서 "얼굴색이 노란 동양 출신, 키는 작지만 날렵하고 불같은 투지를 지닌 천재적인 선수, 앞으로 미국에서 최고의 선수가 될 것으로 기대된다."라고 소개되었다.

▼ 유일한(뒷줄 왼쪽에서 세 번째)과 커니고등학교 육상반(1911년).

　유일한은 이 자랑스러운 사실을 아버지에게 알렸다. 그러나 뜻밖에 아버지 유기연은 불같이 화를 내며 "공부하러 미국까지 보냈는데 하라는 공부는 하지 않고 축구가 다 뭐냐?"라는 호통과 함께 당장 돌아오라는 것이었다. 학교 운동선수에 대한 통념이 미국과 한국은 판이하게 달랐던 것을 몰랐기 때문이다. 미국의 운동선수는 공부에 있어서도 장학생 정도의 위치가 되어야 운동선수로 뽑힐 수 있다는 설명을 들은 후에야 아버지의 노여움이 풀렸다.

　실로 유일한은 이 고등학교 시절을 통하여 뚜렷한 개성을 갖춘 장래성 있는 인간으로 자리 잡았다. 그는 노력만 하면 무엇이든지 할 수 있다는 자신감을 갖게 되었고 그의 영어실력과 회화능력은 본토인들과 조금도 차이가 없었다. 그는 미식축구뿐만 아니라 웅변 서클에 들어가 자신의 포부와 사상을 호소하고 전달하는 데도 탁월했으며 인간관계와 통솔력, 지도력에 뛰어난 소질을 보였다.

미식축구에서 센터포워드를 맡았다는 것은 그의 탁월한 리더십을 잘 보여주는 사례라 할 것이다. 후에 그는 헤이스팅스를 떠나 미시간주 앤 아버Ann Arbor 에 있는 미시간대학으로 진학하였다. 그 당시 미국은 고교 졸업생의 대부분이 대학을 지망하지 않거나 추천 내신서를 써 주지 않았다. 장래 지도자가 될 자질을 갖춘 소수에게 진학의 길이 열렸다.

이로 보아 유일한이 대학 입학이 가능했던 것은 고등학교에 재학하고 있을 때 모든 면에서 우수했고 지도자로서 자질과 능력을 갖춘 청년이었기 때문이다. 유일한의 본래 이름은 유일형柳一馨이었는데 일한一韓으로 쓰는 것이 한국인이라는 뜻에 더 맞는다고 여겨 이름을 고칠 정도로 민족의식이 투철한 청년이었다.

유일한이 고교 졸업을 앞둔 시기에 북간도에 이주해 살던 아버지 유기연이 편지를 보내왔다. 사업에 실패하여 가정형편이 어려워지자 유일한에게 귀국하여 가정의 일을 도와달라는 내용이었다. 애국심과 효심이 극진했던 유일한은 깊은 고민에 빠지게 되었다. 그러나 가사를 돕는 것은 결국 경제적 보탬이 되는 일을 뜻하는 것이며, 그 일이라면 귀국하여 한국에서 일하는 것보다 미국에서 일하는 것이 돈벌이에 더 유리하고 손쉬운 방법이란 생각이 들었다. 유일한은 마음속으로 미주에 머물기로 결정을 내리고 평소에 자기를 믿어주던 담임교사와 상담하였다.

담임교사 왈 "자네는 아직 이곳에서 공부를 더 해야 하네. 지금 귀국한들 일제식민 통치하에서 무슨 일을 하겠나. 그보다는 여기서 더 공부하여 성공한다면 훗날 가족들을 더 잘 부양할 수 있지 않겠나." 유일한은 일단 얼마간의 돈을 아버지에게 보내고 미국에 계속 머물기로 결심했다. 마침 담임교사가 선뜻 보증까지 서주어서 은행에서 100달러를 융자받아 아버지에게 송금했다. 이후 디트로이트 변전소에서 일하며 그 돈을 일 년 만에 모두 갚았다. 당시 100달러란 돈은 한국에서는 몇 해 동안 벌어야 하는 거금이었다. 유일한의 아버지 유기연은 이 돈으로 용정에 농장을 사서 경영하였다는 것은 앞에서 이미 언급한 바 있다. 유일한은 이로 인하여 대학 진학이 한 해 늦어졌다. 대학에 가는 일보다 은행 융자금을 갚아야 했기 때문이다. 유일한으로서는 처음으로 직장생활을 경험할 수 있게 되었고, 재정 관리의 길도 배우게 되었다. 유일한은 열심히 일하여 동료들의 신뢰를 얻었으며 대리숙직, 시간 외 근무 등 남보다 더 많은 특근수당을 받도록 노력하였다. 그 결과 가정을 돕는 일과 대학 진학의 꿈을 모두 실현하게 되었다.

　유일한은 이와 같이 고등학교를 마치는 동안 두 가지를 얻었다. 하나는 자신에 대한 긍정적인 자신감이었다. 즉 스스로 인생을 성공시켜 갈 수 있다는 것을 자각했으며, 또 하나는 주변 사람들로부터 인정을 받았다는 것이다. 확실히 유일한은 고등학교 과정을 거치면서 스스로의 능력과 장래에 대한 자신감을 가지게 되었다. 어떤 문제가 닥치더라도 자신감과 확고한 의지를 갖고 매사를 개척해 가려는 불굴의 신념 및 뚜렷한 자의식과 인간적 가능성을 키워나가게 된 것이다. 유일한은 고등학교 전 과정을 통하여 서구적 개인주의 정신과 동양적 양심의 자율성을 가진 모범을 보여준 인물로 성장하였다. 여기에는 여름학기에 받은 소년병 훈련도 큰 몫을 차지하였다.

　유일한은 고등학교를 졸업한 일 년 후 미시간주립대학 상과에 입학했다. 그는 스스로 예술가나 학자적 특성과 개성을 갖추었다기보다는 현실을 개척하고 영도해 나가는 경영과 실생활에 보다 확실한 능력을 갖추었음을 감지했던 것이다. 그래서 헤이스팅스를 떠나 디트로이트 부근 앤 아버에 있는 미시간대학 상과를 택하게 된 것이다. 앤 아버는 원래 공업도시였으나 미시간대학이 들어서면서 대학촌이 되었고 미시간대학은 그때나 지금이나 손꼽히는 명문대학 중의 하나였다.

PART **06**

대학시절에 터득한 사업수완

유일한이 미시간 주립대학을 택한 것은 그가 취직해 있던 변전소가 디트로이트에 있었기 때문이다. 또한 주립대학은 입학만 허락되면 등록금이 거의 없었으므로 미국에 경제적 생활 기반이 없는 그로서는 소망스러운 대학이었다.

대학에 입학한 유일한에게 가장 큰 문제는 학비와 생활비 확보 그리고 상과의 학과정을 이수하는 것이었다. 그는 이미 커니에 있을 때부터 신문배달과 일 년 동안의 취직생활 등으로 쉽게 돈을 벌 수 있다는 자신감이 있었고, 그 방법은 장사라고 생각했다. 유일한은 물건팔이야말로 노력에 비해 많은 수입을 올릴 수 있다는 것을 잘 알고 있었다. 그는 아버지 유기연으로부터 물려받은 장사수완을 유감없이 발휘하여 학교를 다니면서도 꽤 큰 돈을 벌 수 있었다. 그의 상인 자질은 대학 재

▼ 미시간대학 시절 유일한(뒷줄 왼쪽에서 여덟번 째).

학 중에 이미 감지되기 시작하더니 대학 졸업 뒤에 본격적으로 발휘되었다.

그곳 대학이 있는 미시간주 앤 아버에는 많은 중국인이 이주해 살고 있었다. 그래서 고안해낸 것이 중국 상품을 직판매한다는 발상이었고, 그러한 생각은 적중했다. 그는 중국 향취가 담긴 동양 제품인 손수건·일상용품·장식도구 크게는 카펫까지도 직접 중국인을 찾아다니면서 행상을 하였다. 그런 장사는 학업에 지장이 없는 시간을 이용할 수 있었고 거기서 얻어지는 이익금은 시간제 알바나 주급보다 훨씬 높았다. 유일한은 그 일이 잘되어 원하는 친구들에게도 소개해 주었을 정도였다고 한다.[32] 이러한 유일한의 선택과 노력은 결실을 맺어 학비와 생활비 이상의 수입을 얻게 되었고 이것은 후일 그가 비즈니스를 개척해

---

32 『나라사랑의 참기업인 柳一韓』, 유일한 전기 편집위원회, 동아출판사, 1995, 96쪽.

▶ 1919년 미시간대학 졸업식.

가는 데 적지 않는 도움을 주었다. 유일한은 학교에서 배우는 이론과 중국인들에게 직접 판매하는 양면적 경험을 할 수 있는 기회를 얻게 되었고 이는 훗날 그가 경영이론과 경영이념은 물론 경영일선에서 지도력을 갖추게 되는 원동력이 되었다.

우리나라의 젊은이들은 기업이나 사업의 뿌리에 해당하는 경험을 회피하고 사무와 관리직을 통한 승진만 꿈꾸는 것이 보통이다. 이는 결국 사업가나 기업인으로서의 기초 경험이 부족하게 되므로 큰 기업인으로 성장하지 못하는 것이라고 흔히들 지적한다. 이에 비해 유일한은 스스로 거목으로 자랄 수 있는 자신의 길을 대학 재학 중에 이미 열어가고 있었다.

유일한은 대학에서 애덤스미스의 국부론에 기초한 자본주의의 근본정신과 이론을 배우면서도 끊임없이 이를 실용주의의 실생활에 필요한 학문으로 적용시켰다. 학교 창문을 목수들이 와서 수선하는 것을 본 유일한은 "공업고등학교에 다니는 학생들이 직접 보수하는 것을 배워야지, 인부들을 불러 쓸 바에야 공업기술 교육이 무엇에 필요하냐?"고 반문한 일화도 있다. 우리가 보통 예사로 생각하는 일에도 그는 자기 자신이 그렇게 살았기 때문에 생각이 달랐던 것이다.

유일한은 프로테스탄트 윤리의 자본주의 정신을 철저하게 이행한 미주지역의 한인 유학생으로 성장했다. 즉 열심히 일하고 정당하게 부를 축척하되 그것은 나와 내 가정을 위한 축적이 아니었다. 그것은 이웃과 사회에 경제적 도움을 주기 위한 것이었고, 민족의 독립을 위한 비축이었다. 대학생활과 현장에서 체험한 유일한은 일찍부터 미국의 자본주의 이론을 배웠고, 그 정신과 뜻을 한인사회에 펼쳐보고 싶었던 것이다. 그는 단순히 돈만 버는 것이 기업의 목적이 아니라 이미 사회적 기업을 지향하는 열린 기업을 꿈꿨던 것이다. 기업은 재산을 축적, 소유하는 데 있는 것이 아니라 기업을 통한 사회로의 경제적 기여가 목적이자 필수적인 방향이라고 믿고 있었다.

그는 대학공부를 통하여 경제학자나 이론가를 지향한 것이 아니라 혈통에서 이어받은 강인한 의지와 실천력으로 기업을 추진시켰고 그 결실은 나라와 겨레를 생각하는 사회적 기업의 선각자였다. 그가 가지고 있었던 기업인으로서의 정신적 배경과 뿌리는 아버지 유기연이 지향했던 구한말 신상紳商의 정신과 미국의 대학생활에서 얻은 실용주의로 귀결된다고 할 수 있을 것이다.

PART 07

미주지역 대한인국민회 창설

을사늑약 이후 국권이 점차 상실되어 가자 1910년 한일 강제병탄 이전부터 애국지사들은 제반 여건상 국내에서의 구국투쟁이 어렵게 되리라고 예상하였다. 그래서 지속적인 투쟁을 위한 방안을 모색하던 중 해외에 새로운 독립운동기지를 구축하고자 국외로 망명하게 되었다. 그 대상 지역은 대개 만주, 연해주, 미주지역이었다. 상해가 항일독립운동의 중심지역으로 부상한 배경은 그 후였다. 상해는 국내와 가깝고 미국이나 유럽을 왕래하기 좋은 교통의 요지란 점과 중국에 거점을 확보하려는 서구열강 조계지 租界地로 제국주의 상호 간 세력균형하에 독립운동을 위한 자유로운 공간을 확보할 수 있다는 점 그리고 각국의 외교관 주재지로서 국제여론 형성과 정보수집이 용이하다는 점 때문에 독립운동의 최적지로 떠오른 것이다.

이 책에서는 미주지역을 중심으로 한 실상을 살펴보고자 한다.

1905년 을사늑약 이후, 망명 애국지사들에 의해 만주, 연해주, 미주지역과 중국 관내에서 다양한 독립운동단체가 우후죽순처럼 결성되었지만, 반면 그 힘이 분산된 것도 사실이다. 그 가장 큰 원인은 을사늑약의 체결로 인하여 대한제국이 국권회복의 중심에서 벗어나 있었기 때문이다. 이들 항일운동 단체들은 대한제국의 황실과 대한제국 정부를 부정하고 2천만 민중을 국권회복의 주체로 설정하였다. 당시 하와이에서 재미한인 공동대회를 개최하고 배일 결의문을 한국 정부에 발송했는데 그 내용 중에 "보호조약을 체결할 때, 그 황실 그 정부는 이미 한국이 아니요, 의연히 한국으로 남아있는 것은 오직 2천만 민중이다"라고 하였으니 이는 대한제국 황실과 그 정부를 부정하고 소멸된 국가를 대신할 재미한인들의 보호기관은 공립협회이며, 공립협회가 한국 정부를 대신하여 한국의 공사관과 영사관 업무를 수행하는 자치기관으로 인식되기 시작한 것이다. 공립협회뿐 아니라 이렇게 자치기관으로 출발한 단체들이 해외 각처에 난립하였다. 이러한 단체는 대개 동향同鄕, 학통學統, 이념理念 등의 연고에 따라 독자적인 활동을 하게 되어 각 단체의 역량이 집중되지 못하고 교민사회에서 이해가 상충되는 경우도 많았다.

미국에 거주하는 한인들의 조직단체가 처음 일으킨 운동은 대한제국 국민의 자주권을 미 국무부로부터 인정받는 일이었다. 이 또한 당시 대한제국이 이름만 존재하지 해외동포들을 보호해 줄 만한 힘이 없었기 때문이다. 유일한과 유일한보다 먼저 미국에 온 한인들은 대한제국

국민권을 갖고 도미하였기 때문에 일본이 1910년 한국을 불법 강점했다고 하더라도 그들은 일본 국민이 아님을 밝혀야 했고 미 국무부는 이를 인정해야 한다는 것이 그들의 주장이고 목표였다.

그러나 1905년 1월 일제는 호놀룰루 주재 일본총영사를 대한제국 명예총영사로 임명하였으며 그해 4월에는 한인韓人의 하와이 이민금지 등 해외 한인에 대한 지배조치를 취했다. 이에 재미한인들은 여기에 대응하기 위한 단체설립을 논의하고 안창호를 비롯한 49명의 한인들이 1905년 4월 5일 샌프란시스코에서 공립협회를 창립하였다. 그러나 러일전쟁을 중재한 미국 루즈벨트 대통령은 1905년 9월 한국은 독립할 능력이 없다고 주장하며 일본의 보호권을 인정하기에 이르렀고 일제는 서둘러 을사늑약을 체결하였다.

을사늑약을 계기로 재미한인에 대한 일제의 지배가 노골화되자 공립협회는 대한제국의 영사관을 대신할 자치기관 설립과 국권회복의 방략을 모색하였다. 그 예로 1906년 6월 한국 정부는 샌프란시스코 대지진 당시 피해를 입은 재미한인들을 위한 의연금을 발송하였는데 그 분급처는 샌프란시스코의 일본영사관이었다. 공립협회는 일본영사관을 통하여 의연금을 받는다는 것은 사실상 일제의 해외 한인 통치를 인정하는 것으로 규정하여 총회와 지방회 의결을 거쳐 의연금을 거부하였다. 또한 일본영사의 간섭행위에 대해 통고문을 발표하는 한편 일본영사에게 총대를 파견하여 한인사회에 간섭하지 않겠다는 약속을 받아냈다. 이와 같이 공립협회는 미국의 묵인하에 한인 자치기관과 대표 외교기관으로 자리 잡게 되었다.

한편 샌프란시스코에서는 국민계몽과 국권회복을 목적으로 또 하나의 단체가 설립되었으니 1907년 장경, 백일규 등이 중심이 되어 설립한 대동보국회이다. 이는 대동교육회가 개편된 조직으로 미주 본토에서 공립협회와 함께 대표적인 단체로 활약하였다.

이 두 단체가 통합을 하게 된 계기는 1908년 3월 23일 일본 정부의 앞잡이 스티븐스의 처단이다. 우연하게도 대동보국회의 장인환張仁煥, 1876~1930 과 공립협회의 전명운田明雲, 1884~1947 의사가 매국노 대한제국의 외교고문 스티븐스를 같은 장소, 같은 시간에 저격하여 동시에 미국 경찰에 체포되었다. 이 의거를 계기로 두 단체는 공동변호를 위해 공동회를 개최하면서 통합을 논의하기 시작하여 1909년 2월 1일 국민회가 탄생되었다. 그 후 1910년 공립협회와 대동보국회가 몇 개의 단체들을 통폐합하여 1910년 대한인국민회가 결성되었다.

이들의 주장과 목표는 재미한인들이 하는 모든 일은 대한제국의 국민으로 대우 받아야 한다는 것이었다. 이 일이 이루어진다면 그것을 발판으로 독립운동의 명분을 세우고 기반을 굳힐 수 있기 때문에 미국 정부에 자주민족의 입장을 승인해 줄 것을 요청하였으며 그 승낙을 받는 것이 급선무였다. 이 일을 위해 전 미주지역의 한인들은 지역별로 한인회를 조직하여 대한인국민회라 이름하였다.

즉 1910년 5월 국민회와 대동보국회 大同保國會[33]가 합동하여 「대한

---

[33] 대동보국회 : 1907년 샌프란시스코에서 조직된 독립운동단체로 장경(張景)이 도산 안창호의 공립협회에 대항해서 만든 것으로 김우제(金愚濟), 이병호(李秉瑚), 문양목(文讓穆), 장인환(張仁煥) 등의 발기로 조직되었다.

인국민회」가 설립되었다. 이는 당시 한민족으로서는 유일한 전 세계적인 광역단체였다. 1910년 초 국민회는 미국 본토와 멕시코, 하와이 3지역과 노령과 만주지역에 13곳이나 지방지회를 가짐으로써 광역단체로서의 면모를 갖추었다.

대한인국민회는 국권을 상실한 국내외 한민족의 항일투쟁 기간 중에 임시정부와 같은 기능을 담당할 독립운동의 유일한 최고 중추기관으로 확장하기 위하여 만주와 연해주에 이상설李相卨 등 주요 인사를 파견하였다. 이처럼 대한인국민회는 극동지역 한인사회의 민족운동 세력과 유기적인 관계를 맺으려 노력하였다. 대한인국민회는 1911년 만주 한인사회와 시베리아 연해주 일대의 한인사회를 통합할 목적으로 시베리아지방총회와 만주지역총회를 설치하였다. 그리고 시베리아총회 아래 16개의 지방회, 만주지방총회 아래 8개 지방회를 설치하였다. 이들은 대한인국민회의 구심점이 되는 최고 중앙총회를 조직하기 위하여 북미, 하와이, 시베리아, 만주 등 각 지방총회의 대표가 샌프란시스코에서 정식으로 회합을 가졌다. 그리고 대한인국민회의 설립취지와 목표를 천명하는 [중앙총회결성 선포문]을 채택하면서 전문 76조의 [대한인국민회 헌장]을 제정하였다. 대한인국민회는 재미한인의 최고 단체로서 임시정부를 의미하는 "가정부假政府"와도 같았고 한국의 총영사관과도 같은 임무를 수행하여 한인의 생명과 재산을 보호하는 역할도 하였다. 한일 강제병탄 이후 국제적으로 발생하는 한인 관련 사건에 대해 일본영사의 간섭을 거부하는 운동을 끈질기게 벌인 결과 드디어 미국 정부로부터 한인 자치기관으로 공인받기까지 하였다.

이때 미주지역에서는 박용만·이승만·정순만·안창호·서재필·김호[34] 등이 하와이를 중심으로 그 준비 작업에 전념하였다. LA에서는 1913년 안창호安昌浩가 흥사단을 조직하여 그 추종세력이 서북인을 중심으로 결집하였다. 이러한 조직과 체계를 갖춘 뒤 대표자들은 1913년 재미한국인들의 자주권을 미국 정부에 요청하였다.

당시 총회장으로 활약하고 있던 이대위李大爲, 1878~1928의 명의로 된 성명서가 발표되었다. 이대위는 유일한보다 먼저 도미한 선배로 서재필 등과 더불어 대한제국 유학생의 효시를 이룬 인사 중의 한 사람이었다. 이때 미 국무부는 한국인들의 자주권을 인정해 주었으니, 이것은 재미한인들의 끈질긴 노력의 결과였다. 하늘은 스스로 돕는 자를 돕는다는 미국의 격언이 적중한 것이다.

당시 미 국무부 발표문은 다음과 같다.

> 한국인은 일본인이 아니라는 대한인국민회 총회장의 서신을 받았다. 그 서신에 말하기를 재미한인은 대개 "한일합방" 이전에 한국을 떠난 사람들이고 한일합방을 인정하지 않는다. 일본 정부와 관계가 없고 일본 관리의 간섭을 받지 않겠다고 하였은즉 이로부터 재미한국인에 관계되는 일은 공사나 사사를 막론하고 일본 정부

---

[34] 김호(金乎, 1884~1968) : 서울 출생, 본관 안동, 본명 정진(廷鎭), 호는 한사(漢槎), 1914년 미국으로 망명, 대한인국민회에서 독립운동, 1919년 노동사회 개진당을 조직하여 임시정부 지원, 1937년 대한인국민회 중앙 총회장, 1914년 한인국방경위대 맹호군 창설, 1942년 재미한족연합회 집행부 위원장, 1997년 건국훈장 독립장 서훈.

나 일본 관리를 통하지 말고 한인사회 대한인국민회와 교섭할 것이다.

1913년 7월 2일

미국 국무장관 브라이언[35]

이로써 대한인국민회는 대한제국의 국가민족을 대표하는 총기관으로 확연하게 드러나게 되었다. 이제 미국 정부는 대한인국민회를 한국을 대표하는 독립적 자치기관으로 공인하여 대한인국민회의 증서와 담보만 있으면 미국에 자유롭게 내왕할 수 있도록 조처하였다. 나아가 하와이지방총회에서도 1913년 5월 하와이 지방정부로부터 사단법인의 관허官許를 받아 지방자치를 규정하였으며 북미지방총회에서도 1914년 자치규정을 정하는 등 재미 한인사회의 자치결사로서 역할과 기능을 수행하기 위해 대한인국민회는 각 지방회를 중심으로 다양한 노력을 기울였다.

대한제국이 붕괴된 1910년 이래 미주지역 한인들의 항일독립운동의 자치조직인 대한인국민회의 권위는 바로 임시정부였다. 1919년 상해 대한민국임시정부 전까지 민족독립운동의 최고 중추기관으로 미주 한인들의 권익 신장과 민족교육에도 심혈을 기울이며 기관지『신한국보』,『국민보』,『신한민보』등을 발간하여 국내외 각지로 반포하여 항일의식 고취에도 크게 기여하였다. 일제가 강제로 끊어버린 한민족의 중

---

[35] 미 국무부 문서 미국 국립기록보존소 소장.

단된 정부를 해외에서 대한인국민회가 끊기지 않게 계승한 셈이다. 예를 들면 1917년 7월 상해에서 발송된 임시정부 수립을 위한 「대동단결선언서」에서도 … 전략… 「대한大韓의 한은 한인韓人의 한이요, 비한인의 한이 아니다. 한인韓人 간의 주권 수수는 역사상 불문법의 국헌이지만 비한인에게 주권 양여는 근본적 무효이며 한국민이 절대로 인정할수 없다.」라고 선포했다. 이는 일본의 강제합병을 논리적으로 전면 부정한 것이다.

1918년 안창호를 중심으로 재미한인在美韓人 전체 대표회의를 소집하고 1919년 파리강화회의에 파견할 대표로 이승만·민찬호[36]·정한경 3인을 선정한 후 군자금 30만원을 모금하기로 결정하였다. 이 소식은 외신을 통하여 내외에 큰 충격과 동시에 가능성을 안겨주었으며 일본에서 일어난 2·8 동경 독립선언도 이에 자극되어 일어났다고도 한다.

한편 뉴욕에서 김헌식金憲植 등 18명의 한인들이 신한회新韓會를 조직하였다. 이들은 제1차 세계대전이 연합국의 승리로 종결되자 전후처리를 논의할 파리 강화회의에서 윌슨이 제기한 민족자결주의 원칙이 식민지 한국에도 적용되도록 외교적인 노력을 다해야 한다는 취지로 신한회를 조직하였다.

---

[36] 민찬호(閔瓚鎬, 생졸연대 미상) : 1905년 하와이 호놀룰루에서 미국 목사 와드맨, 송헌주(宋憲廚) 등과 한인상조회 조직, 1909년 1월 하와이에서 고석주(高錫株)와 협의하고 미국 본토의 이대위(李大爲) 등과 협의하여 그해 2월 하와이와 샌프란시스코에서 동시에 국민회를 창립, 1913년 안창호가 미국 LA에서 흥사단을 조직할 때 이사장으로 선임되었다. 1918년 재미한인 전체 대표회의에서 파리강화회의 대표로 선발되었고 1921년 하와이 국민총회에서 교민단총단장으로 선임되었다.

김헌식은 구한국 외교관 출신으로 1918년 소약국동맹회의 집행위원으로 선출되었으며 그해 11월 30일 뉴욕 거주 18인과 함께 비밀리에 신한회 총회를 열고 독립결의서와 진정서를 미 국무부과 주요 정객들에게 송달하였다. 이러한 신한회의 청원 외교활동은 당시 미국과 일본 언론의 주목을 받았다. 1918년 12월 18일자 「The Japan Advertise」지에 「약소민족들 발언권 욕구」라는 제목의 기사로 신한회의 활동이 소개됨으로써 재일 유학생들의 2·8독립선언 준비에 자극을 주었다는 것이다. 그러나 이후 김헌식의 활동이 나타나지 않는 것으로 보아 신한회도 해산된 것으로 보인다. 김헌식은 애초에 대한인국민회와는 별도로 활약했었다. 미국 국적을 가진 서재필徐載弼, 1864~1951도 한국의 독립문제를 세계 여론에 호소하여 민주공화국 건설에 강한 의욕을 보였다.

제3장

민족의 독립이 기업경영의 목표

Newlihan

PART 01

유일한과 한인자유대회

미주지역 한인들은 시기적으로 1905년 외교권을 박탈당한 을사늑약 이전에 대한제국 국적을 가지고 도미한 유일한 및 그의 선배 이주자들과 외교권을 빼앗긴 뒤에 이주한, 이른바 망명인사로 구성되어 있다. 특히 3·1운동을 계기로 많은 한인들이 풍운의 뜻을 품고 중국 등 제3국을 통하여 망명길에 올랐다. 이들은 모두 예외 없이 광복운동에 열정적으로 동참했는데 독립운동을 효율적으로 전개하기 위해 우선 선결해야 할 두 가지 문제가 있었다.

첫째, 미국 정부로부터 대한제국의 국민으로 대우를 받아야 했으며, 두 번째는 일본으로부터 자주독립의 민족운동을 전개하는데 미국 정부가 이를 승인해 주어야 한다는 것이었다. 이에 대한 미주한인들의 노력이 결실을 맺어 미 국무장관 브라이언이 한인들의 자주권을 인정해 주었다는 것은 앞에서 살펴본 바 있다. 이는 결국 한민족의 자주성과 주체성을 인정한 것이니 민족의 저력이 응집될 수 있는 모체가 되었고, 거족적인 3·1운동이 폭발된 후에 생겨난 대한민국임시정부의 정통성이 확인된 것이기도 하다.

▼ 1919. 3. 1. 덕수궁 앞의 만세시위 군중.

▼ 1919년 3월 1일 오후 2시, 학생과 시민들은 민족대표들과는 별도로 독립선언식을 거행하고 시가행진에 들어감으로써 3·1운동이 본격화되었다.

▼ 연행되어 가는 만세 시위자들.

▼ 만세 시위자 처형.

3·1운동 소식이 미주지역 한인사회에 전해진 것은 3월 9일이었다. 미국에서 한인교포의 반응은 연쇄적으로 즉각 비상한 반응을 불러 일으켰다. 미주지역에서도 독립선언대회의 필요성이 제기된 것이다.
　미주사회의 구심점인 대한인국민회를 주축으로 전 미국에 산재해 있던 한인 대표들이 필라델피아로 모여 독립선언 대회를 개최하게 되었다. 이 대회를 주도한 사람들은 서재필, 이승만, 정한경이며, 이들을 비롯하여 장덕수張德秀[37]·김도연金度演[38]·이대위李大爲[39]·유일한 등도 이 대회에 가담하게 되었다. 대회준비와 운영은 서재필이 주관하였다.
　3·1운동의 횃불은 일제의 탄압에 생존권을 유린당하고 있는 모든 동포들에게 새로운 감격과 자유·정의·진리·희망을 안겨주었다. 미국에 거주하는 한인동포들이 필라델피아로 집결하자 미국에서도 즉각 이를 지지 찬성하였다. 미주지역 교민들 사이에도 한인자유대회를 개최하여 한인들이 갈망하는 독립의 큰 뜻을 세계만방에 선포해야 한다는

---

[37] 장덕수(張德秀, 1894~1947) : 황해도 재령 출신, 본관은 결성(結成), 호는 설산(雪山). 언론인 겸 정치가. 1918년 여운형, 김규식 등과 신한청년당 조직, 1919년 체포되었으나 일본을 방문하는 여운형의 통역관으로 석방되었다. 1923년 미국으로 건너가 이승만, 허정(許政)과 3·1 신보 발간, 1928년 콜롬비아대학에서 박사학위를 받았다. 1939년 친일 단체인 시국대응 전선사상보급분회 경성분회장 등 친일 활동도 했다. 8·15광복 후 한국 민주당 창당, 1947년에 암살 당했다.

[38] 김도연(金度演, 1894~1967) : 경기도 양천군 출신, 본관 영천, 호는 상산(常山), 독립운동가 정치인, 1919년 일본 게이오대학 수료, 동경 2·8독립운동 주도, 1922년 항일운동 위해 미국 유학, 1931년 워싱턴 아메리칸 대학에서 경제학 박사학위를 받았다. 1948년 제헌의원, 초대 재무부장관, 3, 4, 5대 민의원 민중당 대표 최고의원.

[39] 이대위(李大爲, 1878~1928) : 평양 출신, 독립운동가, 종교인, 1905년 미국으로 건너가 도산 안창호가 주도한, 친목회와 공립협회 참가, 1913년부터 1919년까지 두 차례에 걸쳐 대한인국민회 총회장, 신한민보 주필을 역임했다.

▼ 한인자유대회에 참석한 각 지역 대표들.

여론과 욕구가 분출되고 있었다. 이에 4월 14일부터 16일까지 필라델피아에서 한인자유대회가 개최되었다.

중국 상해 프랑스 조계[40]내 현순 玄楯[41] 목사 등은 4월 10일 이동녕 李東寧·여운형 呂運亨·조동호 趙東祜[42] 등 29명이 모여 제1회 의정원 회의

---

40 조계(租界) : 정식 명칭은 공관거류지(公館居留地)이다. 중국의 개항도시에 있어서 외국인이 그들의 거류지구단의 경찰 및 행정을 관리하는 조직 및 그 지역을 말한다.

41 현순(玄楯, 1880~1968) : 서울 출신 일제 강점기에 활약한 독립운동가 3·1운동 때 목사로서 주도적으로 참여, 그 후 평화회의가 열리는 중국 상해에서 미국대통령 윌슨과 평화회의 측에 독립청원서를 전달하였다. 3·1운동 이후 상해 프랑스 조계에 임시독립사무소를 개설하고 총무로 위임받아 각국에 독립선언서를 발부하였다. 그해 서울에서 개최된 국내 13도 대표의 국민대회에서 평정관(評政官)으로 선임되었고 그해 4월 10일 제1회 임시의정원 회의를 개최하고 임시 헌장 10개조를 통과시킴으로 4월 13일 역사적인 대한민국임시정부를 수립하고 외무차장이 되었다. 1920년 4월 20일 구미위원으로 상해를 떠나 미국 뉴욕에 도착, 구미위원 부위원장 시리에 추대되어 외교공세를 펼치며 대한민국임시정부를 지원하는 외곽단체인 시사책진회(時事策進會) 간부로 활약했다. 1963년 건국훈장 독립장을 받았다.

42 조동호(趙東祜, 1892~1954) : 충북 옥천 출생, 본관 풍양(豊壤), 호는 유정(榴亭) 사회주의 운동가이고 독립운동가이며 언론인이다. 대한민국임시정부 국무위원 임시 의정원위원을 지냈으며,

를 열고 임시정부를 구성한 후 4월 13일 대한민국임시정부가 국내외에 정식으로 선포되었다.[43] 바로 그 다음 날인 4월 14일부터 3일간 필라델피아에서 역사적인 대집회가 열린 것이다. 집회 명칭은 한인자유대회 韓人自由大會였으며, 이때 유일한은 서재필·이승만·조병옥 趙炳玉, 1894~1960, 임병직 林炳稷[44] 등과 함께 주요인사로 참여하였다. 그는 당시 24세의 대학생 신분이면서도 동대회 대의원 자격으로 참여하여 당당한 신사요, 국민 대표로서의 품위를 보였다. 그리고 한국민의 독립에 대한 목적과 열망을 나타내는 결의문을 직접 작성하였다.

대회에는 당시 미국의 정치·종교계의 지도자급 인사 11명과 그 밖에 여러 명사들이 참여하여 격려와 성원을 아끼지 않았다. 3일 만에 모든 회의를 마친 참가자들은 회의 장소로부터 미국독립의 성역인 필라델피아의 독립회관까지 시위행진을 벌였는데 이때 미국에서는 1개의 예비군 소대와 악대를 보내 행진을 응원해 주었다. 독립회관에 이르러

1925년 조선 공산당 창당에 참여했다. 일제 강점기 말기에 건국 동맹 주요인물로 활동 해방정국에서 건국준비위원회 선전부장, 임시정부기관지 독립신문 발간인으로 논설 주필을 맡았다. 여운형의 근로인민당 정치협의회 위원으로 추대되었고 1947년 미·소공동위원회 대책위원회 위원으로 선출되었으나 평생동지인 여운형이 암살되자 정계를 은퇴하였다. 2005년 건국훈장 독립장이 추서되었다.

43 이현희(李玄熙), 『대한민국 임시정부사』, 集文堂, 1982년, 120~139쪽.

44 임병직(林炳稷, 1893~1976) : 충남 부여 출신, 호는 소죽(小竹). 1913년 이승만의 주선으로 미국 오하이오 디킨스대학에서 수학. 3·1운동 당시 독립운동 자금조달에 진력, 1919년 필라델피아 재미한인대회 서기장으로 참여, 그 후 이승만의 비서로 임무수행에 충실, 1944년 미국 전략사령부에 근무하면서 OSS 작전 적극 도움, 해방 후 외무부장관 유엔대사 등을 역임. 1976년 건국훈장 대한민국장 추서.

▼ 한인자유대회를 마친 뒤, 태극기를 앞세우고 시가행진을 하고 있다.

미국 대통령 조지 워싱턴이 앉았던 의자에 대한민국임시정부 국무총리 이승만을 앉혀 독립선언문을 낭독하고, 이에 대회 의장인 서재필의 선창 아래 대한독립만세 3창을 끝으로 대회 3일간의 막을 내렸다. 미국 국회도서관에 당시 한인자유대회 회의록이 소장되어 있는데 그 내용을 요약하면 다음과 같다.[45]

대회 첫날인 14일 오전 회의에서 서재필의 개회연설 뒤에 의장 선출이 이어졌는데 서재필이 만장일치로 당선되었다. 이어서 대회는 「대한민국 임시정부에 보내는 메시지」를 작성할 기초위원회 위원으로 민찬호, 정한경, 천세헌S. H. Chun·千世憲[46] 등 대의원 3인을 선출하였다.

---

45 『나라 사랑의 참기업인 柳一韓』, 유일한 전기 편집위원회, 동아출판사, 1995. 142~146쪽.

46 천세헌(千世憲, 1881~1945) : 경북 상주 출생, 1903년 하와이로 이주한 사탕수수밭 노동자, 1910년 뉴욕으로 이주 대한인국민회 뉴욕지회 가입, 1914년 도산 안창호가 조직한 흥사단 가입, 1917년 대한인국민회 북미지방총회 뉴욕지방총회장, 1919년 필라델피아 한인자유대회 참석, 조

3·1의거를 일으킨 한국민이 진실로 무엇을 위해서 일제의 잔인한 탄압을 무릅쓰고 투쟁하는가 하는 것을 미국민에게 소상히 알리기 위한 「한국 국민이 미국 국민에게 보내는 호소문」을 작성할 기초위원회 위원으로는 이승만, 차알즈 엘 이 Charles L. Lee 목사 및 와이 엔 박 Y. N. Park 등이 선출되었다.

그리고 일제가 한국에서 저지르고 있는 잘못이 무엇이고, 또한

▼ 한인자유대회 의장으로 선출된 서재필 박사.

한국민에게 자행한 폭행이 어떠한 것이었으며 만일 한국에 대하여 그러한 정책을 계속 강행해 나간다면 종국에는 일본 자신이 멸망의 길을 갈 것이라는 사실과 한국인은 최후의 1인까지 생명을 바쳐 투쟁할 것이라는 결의를 다졌다. 그리고 이와 같은 결의를 일제에 알리기 위하여 「일본국민들에게 보내는 메시지」 기초작성위원회를 구성하고 그 위원으로 피 케이 윤 P. K. Yoon, 조 임 Cho Lim, 노디 도라 김 Nodie Dora Kim 등의 대의원을 선출하였다.

한국민이 민족자결을 허락받았을 경우, 즉 한국민이 자신의 정부를 가지게 될 경우 나라와 민족을 위해서 무엇을 할 것인가를 세계만방에

선의용대 미주 후원회 시카고 지방지회 대표, 1995년 건국훈장 독립장 추서.

알리기 위한 「한국국민의 독립에 대한 목적과 열망을 석명釋明하는 결의문」을 작성하는 기초작성위원회 위원으로는 유일한과 헨리 김Henry Kim, 조안 우Joan Woo 등 대의원 3인이 선출되었다.

이 대회에서 기초되고 작성된 메시지·호소문·결의문은 그 전부가 긴급하고 간절하게 요구되는 것이었으나, 특히 한국민이 자신의 정부를 가져야 할 「한국국민의 독립에 대한 목적과 열망을 석명하는 결의문」은 서재필이 다음과 같이 정리하였다.

> 이것은 대한민국의 결의문은 아니지만 이 의회의 결의문입니다. 그리고 여러분들이 취하고 있는 행동은 어떤 경우이든 이 단체는 한국민중이 무엇을 열망하고 있는가를 지적하여 세계에 나타내고 있기 때문에 세계를 향한 하나의 중요한 일입니다.

라고 전제한 다음

> "우리가 여기서 하고 있는 일은 법에 의한 공식적인 것이거나 또는 헌법에 의한 원칙도 아닙니다. 그러나 내 생각으로는 여러분들이 언명하고 있는 이 원칙들을 신봉한다면 종국에 가서 그것은 한국 헌법의 본문에 구체화하기 쉬울 것입니다"

라고 설명하였다. 따라서 그 성격은 대對 세계적인 것이었으며 또한 도래할 장래에 광복된 한국의 헌법조문이 될 수 있는 가능성을 내포한 것이었기 때문에 가장 중요한 것이 아닐 수 없었다. 이렇게 작성된 이 결의문이 보고되자 대회 분위기는 더없이 엄숙하게 고조되었고, 매순간 긴장감이 흘렀다.

결의문 기초위원을 대표하여 단상에 오른 유일한 대의원은 낭랑한 목소리로 좌중을 압도하였다.

"의장 각하! 그리고 의회 대의원 여러분! 제1차 한국 독립연맹은 서방세계에서 미국의 구상을 인식하고, 이 나라와 다른 어느 곳에 서든지 자기들의 목적을 구체화하고 열망을 명확히 하는 것이 한국인들을 위해서 필요하다는 사실을 실감하고 있습니다. 그러므로, 우리는 이를 감안하여 여러분의 승인을 얻기 위해 다음과 같은 결의문을 기초하여 제출합니다. 이제 나는 그것을 낭독하겠거니와 읽는 대로 채택되도록 추천해 주실 것을 부탁드리겠습니다."

라고 발언한 다음에 밝힌 결의문 10개 항목의 내용은 다음과 같다.

❶ 우리는 정부가 바로 피치자被治者로부터 나오는 권력에서 유래하는 것이라고 믿고 있다. 그러므로 정부는 피치민중被治民衆의 이익을 위해서 인도되지 않으면 안 되는 것이다.
❷ 우리는 가능한 데까지 민중의 교육과 일치하는 미국에 뒤따른 모형의 정부를 가질 것을 제의한다. 다음 한 10년간은 정부가 보다 중앙집권적인 권력을 갖는 것이 필요하겠지만 민중의 교육이

증진되고 자치의 기술에 보다 많은 경험을 가짐에 따라 그들은 정부의 행정업무에 일반적으로 참여하는 것을 허용받을 것이다.

❸ 그러나 우리는 지방 및 지역의 입법의원들을 선출하는 모든 선거권을 부여하고 지방 입법의원은 국가의 입법의회에 보낼 대의원을 선출할 것을 제안할 계획이다. 국가 입법의원 국회의원은 정부의 행정부처와 동등 권한을 가지고, 국법을 제정할 국회 단독의 권한을 가지며 오직 그들이 대표하는 민중들에게 책임을 진다.

❹ 행정부처는 대통령·부통령 및 각원閣員들로 구성되며 그들은 국회가 제정한 모든 법률을 실행한다. 대통령은 국회의원들에 의해서 선출될 것이며, 대통령은 내각의 장관·도지사 및 외국에 파견되는 사절을 포함한 기타 중요한 행정부 관리를 임명할 권한을 갖는다. 대통령은 외국과의 조약을 체결할 권한을 가지며, 국회 상원의 승인을 받아야 한다. 대통령과 그의 내각은 국회에 책임을 진다.

❺ 우리는 신앙과 자유를 믿고 있다. 그와 같은 가르침이 나라의 법률이나 또는 이익에 저촉되지 않도록 규정하는 범위 안에서는 어떠한 신앙이나 교리도 이 나라 안에서 자유롭게 가르치고 설교할 수 있을 것이다.

❻ 우리는 세계의 모든 국가들과 상역商易의 자유를 믿으며, 모든 나라의 시민과 신민들에게 그들과 한국국민들 간의 상업 및 공업을 증진할 공평한 기회와 보호를 허용할 것이다.

❼ 우리는 다른 어떠한 정부의 정책 활동보다도 더 중요한 것으로서 민중의 교육을 믿는다.

❽ 민중의 건강은 치자治者들이 첫째로 고려할 일의 하나로서 우리는 과학적인 감독하에 현대적인 건강증진을 믿는다.

❾ 우리는 자유로운 언론과 자유로운 출판을 신봉한다. 사실상 우리는 공평한 기회, 합리적인 경제정책, 세계 각국과의 자유로운 교역 등 전체 국민의 생활에 제한 없는 발전을 위해 가장 유망한 여건을 형성시키는 민주주의의 기본원칙에 전적으로 따르고 있다.

❿ 우리는 그와 같은 행위나 발언이 다른 민중의 권리를 침해하지 않고 또 국가의 법률이나 이익에 저촉하지 않는 규정 안에서의 온갖 일에 대한 행동의 자유를 신봉한다.

벅찬 가슴으로 결의문 낭독을 마친 유일한 대의원은 단상을 떠나기에 앞서 더욱 억양을 높여 이렇게 다짐했다.

「우리 모두 우리에게 생명이 남아 있는 한 최선의 노력으로 이 중요한 점들을 실행할 것을 신성한 말로 서약합시다.」

서재필의 주도로 이루어진 필라델피아 한인자유대회는 유일한의 전 생애에 있어서 특기되어야 할 대목의 하나이다. 그는 이 대회에서 확고부동한 애국사상과 독립운동의 철칙을 견지하였다. 현실적으로 실천한 나라사랑의 사상을 비로소 선명하게 드러내 보인 것이다. 평소에

▼ 태극기를 잡고 있는 유일한(오른쪽 앞).

유일한은 미국인 못지않은 영어회화력으로 주위를 놀라게 하였다. 그러한 유일한은 누구를 만나거나 어떤 장소에서나 자신이 한국인임을 떳떳하게 내세워 소신을 말하고 행동함으로써 특히 한국 유학생들을 놀라게 하였다.

당시 24세의 청년대의원 유일한은 자신이 직접 기초하고 작성한 한국민이 자신의 정부를 가져야 할 「목적과 열망을 석명釋明하는 결의문」에서 정부와 민중의 관계, 정부행정의 형태, 국회와 정부의 관계 및 판단의 한계 그리고 정부의 구성과 대통령의 선출 방법과 권한에 대해서 언급하고 신앙의 자유·언론 출판의 자유를 명기하였다. 또 상업과 공업을 증진케 하기 위한 상역商易의 장려와 교육의 중요성, 국민건강의 증진, 공평한 기회, 합리적인 경제정책 등 조국 땅에서 자유와 평화, 행복과 번영을 누릴 수 있게 하기 위한 정치적 명제들을 구체적으로 제시하는 등 정치가다운 경륜을 지니고 있었다. 졸업을 눈앞에 두긴 했지만 그 당시 유일한은 미시간대학교에 재학 중인 학생이었다. 그는 그때 이미 평생을 통해 확고부동하게 견지할 나라사랑의 투철한 독립사상가로서 신념과 원대한 꿈을 지니고 있었다. 그가 그렇게 된 데는 몇 가지 이유를 들 수 있다.

그가 나이 9세에 미국으로 건너갈 때 나라를 사랑하는 큰사람으로 성장해 주기 바라는 아버지의 간절한 염원이 어린 소년의 가슴에 깊이 새겨져 있었고, 청소년기에 미국의 가정과 사회에서 생활하며 수용한 기독교 정신이 올바르게 작용하였기 때문이다. 존경하는 선배로 친교를 이루었던 애국지사 박용만과 서재필의 영향이 컸으며 뜻을 같이하는 재미 한국유학생들과의 교분도 큰 영향을 준 것으로 정리된다.[47]

유일한이 24세의 청년으로 성장한 이래 처음으로 미주에서 독립운동다운 운동을 했다는 것은 그의 개인적인 영광뿐만이 아니다. 이 나라 독립의 청신호였다. 서재필 같은 거물급에다가 새로 떠오르는 이승만·박용만·이대위·정한경 등 내로라하는 인물들과 함께 그는 당당하게 독립운동계의 새로운 별로 데뷔한 셈이 되었다.

이 필라델피아의 한인자유대회는 3·1 독립운동이 그 단초가 되었다. 3·1운동은 세계사적으로 유례를 찾아볼 수 없는 비폭력 운동이었음에도 일본은 총칼로 대처하여 수많은 애국 남녀노소가 야만적인 고문과 살육을 당하는 수라장으로 화했다. 일본은 그들이 한국에서 자행

---

[47] 『나라사랑의 참 기업인 柳一韓』, 유일한 전기 편집위원회, 동아출판사, 1995, 147~148쪽.

한 야만적 행위가 국외로 흘러나가는 것을 막기 위하여 서신, 통신 등을 엄격하게 검열하고 철저하게 봉쇄하였다. 그러나 한국에 와 있던 외국선교사들이 몸에 숨겨 가지고 나간 각종 문서와 잔혹한 고문 등의 사진으로 구미주 여러 나라에 알려지게 되었다.

▼ 1919년 4월 16일. 필라델피아 독립기념관 앞의 한인들. 앞줄 왼쪽에서 두 번째가 정한경, 네 번째가 서재필, 다섯 번째가 이승만, 뒤에서 둘째 줄 왼쪽에서 다섯 번째가 유일한.

PART 02

조국을 생각하는 경영인

필라델피아에서 한인자유대회가 있은 뒤 7월 미국 국회 상원에서는 노리스 의원이 그가 입수한 자료를 토대로 한국에서 몸서리쳐지는 일제의 만행을 일일이 열거하며 맹렬한 공격을 퍼붓기도 했다. 이와 같은 상황에 직면하게 되자 일본은 친일 미국인을 통한 집요한 공작[48]으로 한국에서 오는 3·1운동 관련 비밀보고 내용이 공개되지 않도록 하고 재미한국인에 관한 정보수집과 감시를 폈다. 유일한도 이미 일본관헌의 주요 감시대상이었다. 대회가 끝나고 동지들이 각각 원래 거주지

---

[48] 미국기독교련회(美國基督敎聯會) 동양관계위원회 사무국장 걸리크로 하여금 꾸민 공작이 그 대표적인 예이다. 걸리크는 한국에 파견된 미국인 선교사를 총 지휘하였는데 일본은 그들을 시켜 한국에서 오는 3·1의거에 관한 비밀보고 내용이 공개되지 않도록 재미한국인에 관한 정보 수집과 동태를 감시하게 했다.

로 흩어지자 서재필은 단독으로라도 독립운동을 결행하겠다는 굳은 의지를 보였고, 이를 본 청년 유일한은 이 독립운동은 계속되어야 한다는 결론을 내리고 이를 위해 기업의 새 출발을 결심하게 되었다.

이러한 독립운동에의 결심은 30년이나 위인 서재필을 만나면서 확고해졌다. 그 이전에 이미 박용만의 한인소년병학교 시절의 고되고 엄격했던 군사훈련과 육상, 축구선수로서 강인한 심신단련의 경험이 축적된 것도 그의 의지를 굳히는 초석이 되었다. 결국 유일한의 기업 출발도 독립운동을 뒷받침하기 위한 목적이었음이 명백하게 드러났다.

실제로 유일한은 대학에서 자본주의 이론을 배웠고 졸업 후에는 한동안 제너럴 일렉트릭에서 회계 일을 하면서 글로벌 경영실무를 익혔다. 그러다가 그가 스스로 사업을 하기로 하고 시작한 첫 사업이 숙주나물 장사였다. 생각하기 따라서는 우수한 대학을 나온 사람이 하기에는 하찮은 사업일 수 있었다. 그러나 기업가 유일한은 이윤이 남는다면 직업의 귀천을 따지지 않는 듯 했다. 숙주나물 장사는 크게 성공했다. 수요가 늘자 그는 대학동창 월레스 스미스와의 동업으로 자본을 끌어들여 사업을 확장했다. 1922년 생산 공장을 건설하면서 라 초이 식품회사 La Choy. Food Product Inc[49]를 세웠다. 이때 유일한의 나이 27세였고,

---

[49] 라 초이란 중국어로 숙주나물이란 뜻이다. 당시 미국은 숙주나물 원료인 녹두가 없어 고국을 왕래하는 인편에 약간의 녹두를 구하여 이것으로 숙주나물을 기르는 형편이었다. 그런데 그 반응이 매우 좋게 나타나자 차츰 규모를 늘려 판매하기 시작하였다. 1922년 생산 공장을 설립하고 동양의 한·중·일 3나라에서 원료를 구입하고 1923년 7월에는 디트로이터 신문에 "동양의 신비를 맛보려면 라 초이 회사의 상품을 구입합시다." 등의 광고 선전을 하기도 했다. 유일한은 기업광고의 선구자였다.

▼ 라초이 회사의 첫 건물(1920년 디트로이트 시).

▼ 라쵸이 식품회사 제품들.

회사는 번창했다.

　제품은 디트로이트, 시카고뿐만 아니라 펜실베이니아, 뉴욕까지 알려져 주문이 쇄도했다. 그는 사업이 번창할수록 부친 유기연의 다음과 같은 알뜰한 당부와 가르침을 잊지 않았다. 그것은 「경영자가 되어야 한다. 그러나 먼저 조국을 생각하고 동포를 사랑해야 한다.」는 아버지 유기연의 가훈이었다. 따라서 이 식품회사 설립도 민족을 살리기 위한 민족기업 육성의 형태를 염두에 두고 출발하였다. 그는 호미리 胡美利 와 결혼을 결심한 후 1925년 귀국길에 올랐다. 호미리는 중국 광동성 출신으로 미국 코넬리대학교 의과대학을 졸업하고 동양여성으로서는 최초로 소아과 의사 면허증을 획득하였다. 유일한의 표면적인 귀국 목적은 숙주나물 원료인 녹두 수입이었고, 고국을 떠난 9살 이후 21년 만의 첫 고국 방문이었다.

▼ 1926년 귀국 당시 동아일보에 게재된 유일한, 호미리 부부.

PART **03**

첫 고국 방문과 통역 예동식

유일한은 예정대로 일본의 항구도시인 나가사키^{長崎}에 도착하여 한국으로 오는 여정을 밟았으나 그 당시 이미 일본과 한국 사이의 국경선은 철폐된 뒤였다. 유일한이 고국을 떠날 때는 대한제국이라는 독립국가였지만 지금은 일본의 식민지였기 때문에 일본 경찰은 일순간도 놓치지 않고 유일한을 주목하기 시작했다. 일본 경찰은 그가 미국 필라델피아 한인자유대회의 중심인물로 독립선언에 참여한 사실을 알고 있었기 때문이다. 나가사키에서부터 유일한을 미행한 경찰은 서울에 도착하자 그에 대한 신변 미행을 총독부 경무국 고등계로 넘겼다. 이때 통역한 사람이 후일 유한양행 부사장을 지낸 예동식^{芮東植}이었다. 당시 일본 경찰 고등계는 민족주의 인사들의 사상과 동태를 책임지고 있었다. 고등계 책임자는 유일한의 신원과 여행 목적을 조사했으나 서로 언어가 잘 통하지 않았다. 유일한은 일본어와 한국어를 이해하기 힘들었고, 고등계 경찰들은 영어를 할 수 없었기 때문이었다. 그래서 그 당시 서울 세관에 근무하고 있는 한국인 직원을 불렀는데 이 사람이 예동식이었다. 그는 한국인으로서 유일하게 서울세관의 서무주임을 맡고 있었다. 유일한과 예동식은 첫 대면부터 같은 한국인으로서 동족의식이 있었던 것 같다. 예동식은 유일한이 9살에 고국을 떠나 미국에 갔으며 지금은 단순한 식품상을 하고 있다는 사실과 녹두를 사기 위해 중국을 다녀오는 중이며 간도 용정에 있는 가족들을 만나기 위해 그곳을 방문한 뒤 미국으로 갈 것이라는 일정을 통역하여 주었다. 그 사실을 확인한 고등계 경찰은 더 이상 유일한의 행동과 한국 내 활동에 대해 표면적으로는 규제하지 않았다. 그러나 이때부터 광복이 될 때까지 일본은 그를 요시찰의 명부에서 지우지 않았다. 이때 예동식이 유일한이 하는 일을 측면에 도왔던 인연으로 후에 유일한과 같이 유한양행에 동참하여 고락을 같이 하는 동지가 되었다.

그러나 일본 고등계의 유일한에 대한 인식은 빗나가지 않았다. 숙주나물 통조림의 생산량을 늘리기 위한 녹두를 대량으로 수입해 갈 목적으로 귀국한 유일한의 눈과 마음을 사로잡은 것은 일본의 수탈 정책으로 가난과 질병에 신음하는 조국의 비참한 모습이었다. 일본은 강압적인 방법으로 한국의 가장 비옥한 토지의 1/5 이상을 한국 이주 일본인들에게 넘겨주었으며 교육에 대해 차별했고 한국어와 한국역사 수업을 금지했다. 유일한은 이대로 가다가는 대다수의 한국인이 경제적으로 일본의 노예가 되고, 교육적으로 문맹이 될 것이라고 직감했다. 이러한 조국의 현실 앞에 그는 자신이 나라를 위해 무엇을 할 것인가 골똘히 생각하게 되었다. 그는 미국에서 생각하던 것과 너무나 다른 조국의 비참한 현실 앞에 숙주나물 통조림의 원료수입을 위한 사업가로 머물 수는 없었다.

그는 기업인이 아닌 1919년 4월 필라델피아의 한인자유대회에서 빼앗긴 조국을 위해 할 일들을 실행함에 있어서 생명을 바칠 것을 신성한 글로 서약한 바로 그 사람으로 돌아간 것이다. 부인 호미리 여사와 같이 1926년에 귀국하여 유한양행을 창립한 것이다. 1925년 녹두수입을 위한 고국 방문으로 유일한은 무엇보다 국민보건문제에 대해 새로운 인식을 하게 되었다. 국민보건을 중시하여 정부는 반드시 그 과학적 실천에 책임을 져야 한다고 필라델피아 한인자유대회에 자신이 기초한 결의문 중 건강조항은 적중한 것이다. 유일한이 부인으로 의사를 택한 것도 제약업에 투신한 것도 국민건강을 지켜야 한다는 그의 애국적 충정과 소명의식이 승화된 것으로 보아야 할 것이다. 그가 설립한 유한양행이 만주 동북삼성 東北三省 지린성, 라오닝성, 헤이룽장성까지 기업을 확장한 것도 그곳에 우리의 독립지사들이 혼신의 힘을 기울여 항일 독립투쟁을 전개하고 있었기 때문이다.

이와 같이 유일한의 기업 정신은 언제나 독립운동 정신과 병행되었다. 그래서 유일한을 나라사랑의 참 기업인이라 부르는 것이다.

PART 04

영구 귀국을 결심하다

1925년 녹두수입을 위한 첫 번째 고국 방문길은 유일한에게 큰 충격을 주었다. 일제의 악랄한 수탈정책으로 인한 동포들의 비참한 생활 모습이 생각보다 훨씬 심했기 때문이다. 그는 이러한 조국의 모습을 보고 더 이상 미국에 머물기보다 조국으로 돌아가 무언가 나라를 위해 기여해야겠다는 생각으로 영구 귀국을 결심하게 된다.

마침 세브란스 의학전문학교 에비슨 학장으로부터 초청장을 받았다. 에비슨의 초청은 유일한에게 연희전문학교 교수를 그리고 그의 부인 유호미리柳胡美利에게는 세브란스의전 소아과 과장을 맡아 달라는 제안을 해 온 것이다. 이 요청에 응하기로 결정한 유일한은 이 일을 그가 존경하는 애국자 서재필 박사와 상의하여 영구 귀국의 뜻을 굳혔다.

그는 그가 설립한 라 초이 회사를 공동경영자인 미국인 동업자 월

레스 스미스에게 넘기고 미국을 떠나기 5일 전 작별인사차 서재필 박사를 다시 찾았다. 이때 서재필은 작별을 몹시 아쉬워하면서 유일한에게 "유군, 내가 자네에게 주려고 작은 정표를 하나 준비했네." 하면서 목각판화 한 점을 주었다. 목각의 그림은 잎사귀와 가지가 무성한 한 그루의 버드나무였다. "마침 나의 딸 아이가 미술을 전공하고 있기 때문에 부탁했었네. 자네 성이 버들 유자 유柳씨가 아닌가! 자네의 하는 일과 한국의 장래가 버드나무의 무성함과 같이 자라서 성공으로 이어지기를 바라는 뜻일세."라는 말과 함께 "자네라면 무슨 일이든 나라에 도움이 되는 일을 할 수 있을 걸세. 나도 마음으로 기대하고 있겠네. 언제나 한국인임을 잊지 말아 주게."라고 하면서 유일한의 손을 굳게 잡아 주었다.

이 판화는 초창기 유한양행의 마크로 사용되었으며 현재에 이르기까지 부분적인 변형을 거치기는 했으나 계속 사용되고 있다. 유한양행이 1928년 3월 5일 동아일보 지면에 낸 최초의 광고는 버드나무표 유한양행이란 염료광고인데 그 광고모델은 이 버드나무 목각판화였다.[50]

유일한이 부인과 함께 영구 귀국으로 고국 땅을 밟은 것은 1926년이었다. 이제 미국으로 돌아갈 생각은 없었다. 그러나 무슨 일을 할 것인지에 대해 유일한의 마음은 정해지지 않았다. 비록 에비슨 학장의 초청으로 귀국했으나 연희전문학교 교수가 될 것인지 아니면 사업을 할 것인지 두 갈래의 길을 놓고 적지 않은 고민에 휩싸였다.

---

[50] 『유한50년』, 유한 50년사 편찬위원회, 1976년, 89쪽.

▶ 유한양행 최초 약품 광고.

　하나는 교육을 통하여 한민족의 얼과 능력을 지키고 키움으로써 젊은이들에게 꿈과 용기를 주어 일본의 한민족 말살정책을 극복하는 길이었다. 또 다른 길은 일본의 수탈정책으로부터 민족의 자산을 지키고 키워서 민족을 경제적인 노예의 수렁에서 건져 내는 길로 이어지게 하는 것이었다. 이러한 중대한 길을 얼른 결정하기는 쉽지 않은 일이었다. 사실 그는 미국에서 적은 자본으로 식품회사 라 초이와 뉴일한 주식회사 New Il Han Company 를 크게 성공시킴으로써 사업가 혹은 기업인으로서의 자질과 능력을 보였다.

　결국 그는 사업의 길을 선택했다. 그것도 국민보건과 관계되는 제약

▼ 창립 당시부터 1929년까지 유한양행 사옥이었던 덕원빌딩.

회사였다. 1926년 12월 10일 유한양행은 현 종로 2가 45번지에 위치한 덕원德元빌딩에 사옥을 정하고 창립의 깃발을 올렸다.[51] 그 당시 3층 건물이었던 덕원빌딩은 서울시내에서 가장 훌륭한 건물 중의 하나였다고 한다.

유일한이 1925년 첫 번째 귀국 때 가난하고 헐벗고 문명화되지 못한 조국 땅에 기생충, 결핵, 학질, 피부병 등으로 고생하는 동포가 너무나 많은 것을 목격했기 때문에 국민보건에 각별한 관심을 가졌던 것이다. 유일한은 그 이전인 1919년 필라델피아에서 열린 한인자유대회에서 상해임시정부에 보내는 결의문 기초위원으로 선출되어 그가 직접

---

[51] 『유한50년』, 유한 50년사 편찬위원회, 1976년, 90쪽.

작성한 결의문 제8항에 「민중의 건강은 치자治者들이 첫째로 고려할 일의 하나로서 우리는 과학적인 감독하에 현대적인 건강증진을 믿는다.」고 할 정도로 국민 건강과 보건에 깊은 관심을 가졌다. 그는 건강한 국민만이 나라를 찾고, 나라를 지키고, 민족을 번영케 할 수 있다는 신념을 가졌던 관계로 국민의 건강을 지키기 위한 약품제조를 독립운동의 일환으로 생각하고 있었다.

1926년 덕원빌딩 사옥에서 기초를 닦은 유한은 1929년 사세가 확장됨에 따라 길 건너편 YMCA로 이사하였다. 그런데 1930년대에 접어들면서 한반도를 둘러싼 국제정세에 커다란 변화가 일기 시작했다. 그러나 유한의 사세는 눈부시게 확장됐다. YMCA 사옥으로 불편을 느껴 다시 신문로 언덕배기의 160평 대지를 매입하여 2층 양옥을 지어 이사한 것은 1932년이었으니 YMCA로 이사한 지 불과 3년만이었다. 이 무렵 유일한 사장은 사원들에게

❶ 항상 국민보건을 위해 일해야 한다.
❷ 우리 민족이 일본민족보다 못하지 않다는 민족의 긍지를 가지고 일해야 한다.
❸ 유한은 결코 개인을 위해서 있는 것이 아니다. 사회를 위해서 있는 것이며 이 길을 통하여 경제수준을 높여야 한다고 조회 때 마다 강조하였다고 하니 이것이 유한의 사시요, 기업 정신이다.[52]

---

[52] 『유한50년』, 유한 50년사 편찬위원회, 1976년, 109쪽.

그러나 유한의 이러한 사세확장에도 불구하고 내용면을 들어다 보면 당시 총독부의 일방적인 비호 아래 일본인 제약업자들의 한국시장 점령은 매우 심각하였다. 압도적으로 많은 일본인이 경영하는 병원은 말할 것도 없고 각 도에 설립된 도립병원은 일본 제약회사들이 전부 장악하여 약품과 의약품 공급은 일본인들이 독점하였다.

그러나 유한도 결코 이에 뒤지지 않았다. 경쟁의 승패는 어느 쪽이 더 많은 시장을 차지하느냐에 달린 것인데 유한은 우선 한국인 경영의 의약품 도매상과 약국 등을 포섭하는데 심혈을 기울였다. 다른 방법은 외국인 계통의 거래선을 트는 일이었다. 특히 외국인 계통의 병원과 의원 개척은 유일한이 직접 나섰다. 세브란스를 비롯한 기독교 관계의 외국인과 친분이 많았던 것이 큰 힘이 되었다. 또 전국 선교사 구역마다 설립되어 있는 선교사 병원을 전부 거래선으로 개척하는데 성공하였으니 일본인 제약사들이 차지한 도립병원 못지않은 큰 시장을 획득한 것이다.

뿐만 아니라 1920년대 후반기에 벌써 외화 획득의 의의와 필요성에 대한 안목을 가진 유일한의 기업경영은 우리나라 각 지방의 특산물인 돗자리, 화문석, 도자기, 죽세품과 해산물을 수출하고 의약품과 위생재료, 화장품 수입 등 수출입을 병행하였다. 그 대상국은 주로 미국의 유명 제약회사였으며 부대사업으로 일본 우편선 郵便船 회사와 캐나다 정부철도·동경해상화재보험회사 대리점, 미국의 생명보험회사와 선박회사 대리점도 병행하였다. 이러한 다각적인 경영에 사장 이하 전사원의 활약이 눈부시었으니 사세가 크게 확장될 수밖에 없었다.

사세확장 등 유한의 성장기 1936~1941 인 1930년대 중반 이후부터는 전쟁의 공포와 위협이 그 어느 때보다 거세게 불어 닥친 시기였다. 1929년 미국에서 비롯된 경제공황은 순식간에 전 세계를 휩쓸었다. 이에 영향을 받은 일본은 국내 경제파탄의 위기를 해소하기 위해 1931년 만주사변을 일으켰다. 1932년에는 상해를 침범하였으며 1937년 7월 7일 북경 교외의 노구교에서 철도 폭파사건을 조작하여 중일전쟁을 일으킨 후 무서운 기세로 남경까지 점령하였다. 또한 비무장지대나 다름없는 동북삼성 東北三省을 점령하고 이듬해 만주에 괴뢰정부를 수립했다.

이는 일제의 대륙침략과 세계 제패의 야욕이 표출된 것이다. 일본은 어떻게 해서든지 동북삼성 만주를 제2의 식민지로 만들고 중국대륙까지 군사 및 정치적 영향력을 행사해야 한다고 판단했다. 그래서 만주사변이 중국대륙의 침략행위로 번져나갔고 태평양전쟁 1941 으로 확대되어 가는 씨앗으로 배태되었다.

이와 같이 누구도 앞일을 예측할 수 없는 세계의 암운이 태평양 동쪽 군국주의 일제의 침략 주모자들 속에서 은밀하게 싹트고 있었다. 일본은 아시아 일대를 완전히 장악하기 위하여 나치 독일, 무솔리니가 이끄는 이탈리아 파쇼와 동맹을 맺고, 미국의 세력을 아시아에서 절멸시키려는 엄청난 음모를 꾸미고 있었다.

이런 가운데서도 유한양행의 사세는 1936년부터 1941년까지 매우 왕성하게 발전하여 만주까지 기업을 확장하였다. 유럽은 이미 전쟁의 소용돌이에 빠져 아시아로 진출할 길이 막혔고, 러시아와는 불가침

▼ 1936년 2차 도미 직전, 서울에서 개최된 유한양행 주식회사 발족을 마치고(앞줄에서 왼쪽 네 번째가 유일한).

조약을 맺어 외교적 안정을 구축한 일제는 미국의 태평양 진출을 차단시키려면 동북삼성과 중국대륙을 완전히 점령해야 한다고 판단한 것이다.

이와 같이 일본의 군국주의 지도자들은 동남아 지역에서 패권을 차지하려면 영국세력을 몰아내고 미국과 일전을 감행해야 한다는 주장이 지배적이었다. 이러한 상황이니 일본 국내는 물론 한국과 동북삼성 일대는 전시 체제로 개편될 수밖에 없었다. 그런 가운데서도 유일한은 무역시장을 개척하기 위하여 미주로 건너가려는 계획을 세웠다.

PART 05

유일한의 2차 도미

유일한이 귀국한 지 12년이 되는 1938년 유한양행은 제약뿐만 아니라 우리나라의 화문석, 도자기, 죽제품 등 특산품을 미국·유럽·중국 등지로 수출하는 등 수출입을 병행하여 사세가 크게 확장되면서 전 세계로 뻗어 가기 시작하였다. 이런 가운데 그는 그해 4월 다시 미국으로 건너 갔다. 유일한이 미국으로 건너간 1938년은 그냥 예사롭게 보아 넘길 수 없는 시점이다. 1937~1938년은 일제의 지배·통치 정책의 전환기로서 한반도가 완전한 전시 동원체제로 돌입되어 일제의 억압통치와 민족말살정책이 최고조에 도달된 시기이다.

1937년 중일전쟁의 발발을 계기로 일제의 전시체제가 강화되어 1938년 국가총동원법이 시행되었고 각종 전시동원 조직이 만들어졌다. 이는 한국에 대한 식민지 지배 성격이 크게 변화했기에 1938년부터 1945년까지를 흔히 일제말기로 시대 구분한다. 유일한이 이때 미국으로 건너간 것은 명분이야 수출 증대 촉진이었지만 속내는 그 후의 행적으로 보아 독립운동을 하기 위한 출국으로 보인다. 1937년 중일전쟁으로 일본은 물론 한국과 만주 일대가 전시체제로 개편되어 경제적 통제와 모든 물자가 동결되는 위기상황이었다. 그러나 유한양행은 1938년 만주 북부와 중국 중부지방에 판로를 개척하고 수출 증대차 미국에 건너가 로스앤젤레스에 출장소를 설치하여 구라파 지역에 토산품 수출의 길을 개척하였다.

1939년 중국 남부와 몽강蒙彊[53] 지역에 판로를 개척하고 종로구 신문로 2가에 나전螺鈿 공장, 오류동에 죽제품 등 수출품 제조공장, 중국 천진天津과 만주 봉천奉天에 사무소와 출장소를 설치하는 등 적극적으로 무역사업에 진출하면서 사세를 크게 확장시켰다. 이와 같이 기업을 크게 팽창시키면서도 유일한은 미국에 계속 머물면서 1940년 LA에 있는 남가주대학원에 입학하여 석사학위를 취득하는 한편 하와이에서 열린 해외한족대회 집행위원으로 활약한다. 그리고 미주지역에 거주하는 전 동포의 단합된 독립운동의 의지를 구체화시키기 위해 애국동지들과 협의하는 등 기업 활동과 독립운동을 병행하면서 오히려 독립운동에 더 큰 비중을 두고 있었다.

사실 개인적으로 보면 그의 미주에서의 독립투쟁이나 민족운동이

---

[53] 몽강(蒙彊) : 1936년 내 몽골의 독립운동가 덕목(德穆—德王)에 의해 수립된 일본의 괴뢰정권으로 내몽골 자치구에 있던 봉강국(蓬彊國)을 말한다.

▼ 2차 도미 때의 유일한(1937년, 42세).

유한양행에 치명적인 타격을 입힐 수 있다는 것을 모를 리 없는 유일한 이라고 보면 그의 기업 목적은 누구라도 쉽게 알 수 있을 것이다. 실제로 이로 인하여 유한양행은 세금공세에 세무사찰, 미행 등으로 막대한 타격을 입고 기업 활동마저 위축상태를 면할 수 없게 되었다.

미국에 있는 유일한은 보고를 통해 이러한 상황을 충분히 알고 있었음에도 그는 독립운동을 준비하기 위한 애국적인 민족기업의 뜻을 굽히지 않았다. 어찌 유일한이 이런 고통과 시련을 감내할 각오 없이 일제하에서 민족기업의 뜻을 세웠겠는가! 유일한은 일제의 압력에도 의연하고 정정당당한 기업운영으로 이에 대응하였다.

기업인 유일한에게 기업보다 더 중요한 것이 있다면 독립운동이다. 중일전쟁의 발발1937과 일본의 상해 침공1938은 중국·만주지역의 독립운동가들에게 큰 충격이었다. 이제 독립운동가들에게 상해조차 안전지대가 아니었다. 이러한 위기의식은 극동지역의 광복전선과 민족전선을 통일시키는 계기가 되었다. 광복전선은 우파진영의 독립운동단체이고 민족전선은 좌파진영의 독립운동단체이다. 좌·우 대타협이 진행되기 시작했고, 이에 자극 받은 미주지역에서도 독립운동단체들의 연합운동이 유일한을 중심으로 일어나게 된다.

1941년 유일한은 하와이에서 열리는 해외한족대회 집행위원으로 활약하면서 유한양행을 유한상사 주식회사로 개칭하고 사장직을 사임하였다. 해외한족연합운동에 전념하기 위해 한창 뻗어가는 기업경영을 2대 유명한 사장에게 맡긴 것이다. 이로 미루어 유일한이 미주에 가서 머물게 된 의문이 풀린 셈이다.

미주지역에도 독립운동단체가 수십 개가 넘지만 따지고 보면 무력투쟁을 주장하는 박용만계와 외교론의 이승만계, 자치론을 주장하는 안창호계가 주류를 이룬다. 그러나 유일한의 독립사상은 특정인의 계열에 속하는 것으로 보이지는 않는다. 굳이 분류한다면 박용만·서재필에 가장 가깝다고 할 수 있겠으나 이는 유일한이 박용만의 한인소년병학교를 졸업했기 때문일 것이다. 어쨌든 유일한의 독립운동에 대한 기본 생각은 독립운동단체들의 개별적인 항일운동보다 연합하여 체계적이고 결집된 항일운동이 보다 효과적이라는 것이며 이는 미 국무부의 한인 독립운동 지원의 전제조건이기도 했다. 미국의 정보통이기도 한 유일한은 연합운동의 성격을 띤 대한인국민회 쪽에 서 있었으며 3·1운동으로 대한민국임시정부가 탄생한 후에는 대한민국임시정부를 독립운동의 정통으로 삼고 있었다.

1938년 2차 도미 이후 유일한은 줄곧 독립운동 각 단체들의 연합을 주장했다. 유일한이 나서서 연합운동의 필요성을 강력하게 제기하여 그 분위기가 조성되기 시작했다. 또 유일한이 소속된 북미대한인국민회가 1940년 9월 2일 하와이 국민회와 동지회에 제의하였는데 그 내용은 미주와 하와이 각 단체 당국자들의 합석 회의로 시국문제에 관한 전반적 대책을 강구하자는 것이었다.

국민회와 동지회가 동의하여 같은 해 11월 5일 각 단체 대표자들을 소집하여 연합운동 준비회를 개최하였다. 몇 차례의 회의 끝에 해외한족대회를 개최하기로 의견을 모았는데 이때 유일한은 우리 한인들이 결집되고 통합된 모습을 보여주어야 미국이 우리의 통일의지를 인정해

▼ 제34차 임시의정원(1942. 10. 25) : 좌·우익 진영이 함께 제34차 임시의정원에 참여하면서 민족통일전선이 형성되었다.

주고 협조와 원조를 해줄 것이라는 점을 강조하였다.

이듬해인 1941년 1월 미주와 하와이의 각 단체가 연합운동 준비회 결의안에 동의하고 해외한족대회 소집을 4월 20일 하와이 호놀룰루에서 개최하기로 결정하였다. 그리고 극동의 각 단체에 연락하는 일은 임시정부 김구 주석이 맡고 미주지역 각 단체에는 공한을 보내기로 하였다. 대회 목적은 항일 독립전선에 모두의 역량을 결집하여 광복대업을 이룩하자는 것이었다. 따라서 토의 사항은 민족 총동원을 강화하고 정치·외교·군사를 획기적으로 발전시키고 경제적 기초를 공고히 한다는 내용이었다.

그리고 참가자격은 대한민국임시정부를 옹호하고 신뢰하는 단체와 개인이어야 한다고 명시했다. 이것은 미주지역에서도 중경임시정부에 대한 정통성을 인식하고 있다는 것이다. 유일한은 이 대회에서 김호·

한시대·임병직 등과 함께 집행을 담당했으며 이때 그의 나이 46세였다. 물론 그러한 가운데서도 유한양행은 위기를 극복하고 발전을 거듭하여 LA에 출장소를 만들게 되었고, 유일한이 해외 장기체류를 할 수 있는 명분을 얻게 된 것이다. 그래서 특별히 주변이나 일제 당국의 의심을 피하는 방편으로 삼은 것 같다.

PART 06

해외한족대회

1941년 4월 20일 오후 2시에 하와이 호놀룰루 밀러 스트리트 1306호에서 해외한족대회가 개최되면서 선언문을 채택하기에 이르렀다. 의장 안원규와 대회위원 일동이 발표한 선언문은 다음과 같다.

> 대한 및 대한민족의 문화와 역사는 반만년의 구원한 과거에 있어서 종교적 문화적 과학적으로 자기의 창조와 확충의 건설로부터 등광燈光과 인류 공명公明의 표현운동이 항상 활발하였고, 특히 정치적 지위에 있어 해방과 혁신 운동에 선구자가 되었음을 우리는 무한영광으로 느끼도다.
>
> 역사 경륜이 어찌하다가 변칙의 전환을 보이어서 불행하게 적의 침략을 받아 존엄하던 국가의 주권이 동요되어 위대하던 민족의

보무가 정체되던 때로부터 전민족의 정의적 분노와 독립자존의 정신은 드디어 독립전선을 천하에 대장帶仗: 병기를 몸에 지님하고 의군이 대기하여 적을 구토할 때 광야와 천하와 천풍을 좋게 맞아 1919년에 대한독립을 세계에 선언하고 만세의 함성과 정의의 무기로써 대항하니 천지가 진강鑽絳하고 세계열국의 동정과 옹호가 은근히 금일에 존속하여 33의사의 위대한 지도와 공적을 이에 경하하노라.

비장하도다. 과거 반세기 동안에 조국독립을 위하여 온갖 전투에서 생명을 희생한 형제자매가 그 몇 천 몇 만이신고, 거룩한 정신과 피와 죽음으로써 꾸준하고 맹렬하게 쌓아 준 민족적 훈련은 이에 다시 전 민족의 동원을 요구하는 충동으로써 새 시대를 창조하도다.

동방에 있어서 중일전쟁을 계기로 하여 우리 민족의 임시정부는 독립전선을 확대하고 중국군과 협력하며 적을 토벌하여 온 지 이미 수개 성상이요. 미주를 중심으로 한 해외 한족단체들이 물질적 정신적으로 이 대업을 꾸준하게 원조하여 왔음을 충심으로 감사하노라.

동아와 구주를 통하여 전체주의·제국주의들의 도량은 침략과 살해로써 거의 전 세계를 파괴하고자 하므로, 제2차 세계대전이 폭발된 지 1년 사이에 세계는 벌써 화해火海가 되고 인류와 문명은 파멸에 빠지도다.

천도와 정의는 어느 시대에나 항상 최후에 승리를 보이는 원리에서, 미국 정부가 홀로 세계를 광정하며 인류를 옹호하는 위대한 사명을 자부하고, 세계 민주주의 국가들의 간성이 되어서 원조를 선언하고 실행함에 우리는 경의를 표하노라.

해외한족대회를 미주에 소집함은 해외 한족 전체가 일치 협력하여 미국 정부가 서둘러 추진하는 세계 원조의 대업을 직접 간접으로 후원하며, 전후 건설 공작에 이르기까지 만인의 공헌을 같이 하자 함이요, 독립자주의 정당한 권리와 행복을 누리고자 하는 민족적 충동과 요구에서 이 시대에 대처하는 최선의 방법을 연구하여 토의하자 함이니 대회와 대회의원의 사명이 실로 증대하고 그 의무가 또한 중대함을 깊이 자각하여 가깝게는 미주동포의 성실한 원조와 지도가 있기를 바라며 멀리는 전 민족의 뜨거운 편달이 있기 바란다. 이로부터 통일과 조직적 투쟁으로써 승리를 굳게 맹약하노라.

불원 장래에 조국의 완전 독립을 다시 세계에 선포하고 위대한 민족 장래를 자유와 행복으로써 광휘 있게 개척함에 3천만 민중의 건전한 분투를 기대하며 이에 선언하노라.

대한민국 23년 4월 20일
해외한족대회
의장 안원규
위원 일동

▼ 해외한족대회 대표 초대연(1941. 5. 1) : 해외한족대회는 1941년 4월 20일부터 4월 29일까지 하와이의 호놀룰루에서 9개 단체가 참석한 가운데 개최되었다. 독립전선의 통일과 대한민국임시정부 봉대, 미국방공작 원조들을 결의하며 조국 광복을 준비하였다.

 이 같은 선언에 이어 해외한족대회의 결의안을 9가지로 나누어 문제를 제기하였다.

> 첫째는 독립전선 통일에 관한 문제로서 우리 민족은 온갖 역량을 항일 구국전선에 집중하며 모든 출판물은 독립운동의 논조를 일치시키면서 행동 통일을 기약한다는 것이다.
> 둘째는 임시정부의 법통성과 그 지휘감독을 받으며 이를 입법 조치하도록 제도화한다는 것이다.
> 셋째는 군사운동으로써 의용대를 흡수한 광복군을 유일한 군사단위로 인식하여 대일항전에 전념케 한다는 것이다.
> 넷째는 대외 외교의 단일창구를 개설—외교위원부—하여 임시정

부와의 긴밀한 연결 속에 모든 일을 처리하게 해야 한다는 것이다.

다섯째는 한족은 미국의 국방공작을 적극 후원하며 경비는 본 위원회—재미한족연합위원회—가 맡되 한길수韓吉洙를 봉사원으로 정한다는 것이다.

여섯째는 재정은 본 위원회로 납부하며 3분의 2는 임시정부로 송금하고 그 세칙은 별도로 정한다는 것이다.

일곱째는 연합기관으로 본 위원회를 두고 의사부와 집행부를 두며, 유일한이 관여한 집행부는 북미주에 두고 의사부는 하와이에 설치한다는 것이다.

여덟째는 본 위원회의 규정은 통합된 독립운동의 역량을 단일화하며 군자금을 본 위원회 재무부에 납부해야 한다는 것이다.

아홉째는 독립군 군자금은 재무 2인이 관리하되 매년 15달러 이상을 부담하며 매월 한 차례씩 재정 보고를 하게 하였다.

이상의 여러 가지 결의안을 증명하며 충성으로 노력하기를 서약하였다.

북미대한인국민회 대표: 한시대韓始大, 김호金乎, 송종익宋鍾翊

동지회중앙부 대표: 안현경安顯景, 이원순李元淳, 도진호都振鎬

하와이대한인국민회 대표: 안원규安元奎, 김현구金鉉九, 김원용金元容

중한민중동맹단 대표: 차신호車信浩

대조선독립단 대표: 장상호張相浩

의용대 미주후원회 대표: 권도인 權道仁

대한부인구제회 대표: 심영신, 민함나

대한여자애국단 대표: 임성예, 박경신

재미동포 단체의 간곡한 기대와 넘치는 환영 속에 열렸던 해외한족대회는 각 단체 대표들이 참석하여 각자 단체의 사정과 의견 차이를 모두 쏟아놓고 큰 것을 위하여 작은 것을 희생하는 원칙하에서 8일 동안 주야 노력으로 9개조 결의안을 통과시켜 임무를 수행하였다. 하와이 호놀룰루에 의사부를 조직하고 유일한이 관계해서 집행의 최대 임무를 맡은 집행부는 LA에 조직하였다.

유일한과 같이 이 위원회의 집행부의 위원으로 활동한 독립운동가는 김호, 한시대, 김병연, 송철, 이경선, 손헌주, 박경신, 김용중, 김성락, 신두식, 김혜란, 김병직 등 15명이었다. 그 외 미주 지방의원도 이순녀 등 4명이 선임되고 있어 임시정부를 구심점으로 하여 후원과 외교 선전업무를 추진하고 해외의 독립운동을 확실하게 진행시켜 나갔다. 민족기업에 신명을 바친 유일한은 이에 만족지 않고 내면적으로 선배 독립운동가를 도우면서 애국운동을 계속 추진시켜 나갔다.

PART 07

유일한과 맹호군 창설

1941년 4월 미국 본토와 하와이 한인사회에 오랜 분열과 파쟁을 딛고 통합운동이 전개된 것은 중경임시정부 활동의 활성화, 세계정세와 미국 경제의 흐름, 새로운 지도자의 등장과 역할 때문이었다.

하와이에서는 중일전쟁을 계기로 임시정부에 대한 지지가 고조되기 시작하였다. 국민회와 동지회는 1940년 10월 연합한인위원회를 설정하고 미국 국방을 후원하기 위한 국방위원회를 조직했다. 그리고 중경임시정부에서 광복군 조직이 성립되자 1941년 3월 국민회와 동지회가 합작하여 광복군 후원금관리위원회를 설치했다.[54]

1941년 4월 20일부터 개최되는 재외한족연합회 결성대회에 참석

---

54 「태평양주보」, 1941년 3월 22일, 1941년 3월 29일.

▼ 광복군 제3지대 성립 경축 전례 기념사진. 중국 부양. 1945. 8. 30.

하기 위하여 미주국민회 대표가 하와이로 건너갔고, 총 9개 단체들이 대회에 참석하여 해외한족연합대회를 개최한 것은 앞에서 이미 언급했다.

　1941년 개최된 재미한족연합회의 주된 활동은 크게 3가지 였다. 첫째 임시정부 후원 활동, 둘째 한국 독립운동을 확대하기 위한 외교 선전활동, 셋째 미국 국방업무 후원 활동이었다. 이 중 미국 국방업무 후원활동을 위해 재미한인들이 조직한 군사단체가 맹호군猛虎軍이었다. 한인국방경위대라고도 하는 이 군사조직은 유일한이 집행위원으로 있는 재미한족연합위원회 집행부에서 한인 국방부 편성 계획을 1941년 12월 미 육군사령부에 제출하여 그달 22일에 허가를 받았다.

　이는 1941년 12월 7일 일제가 진주만을 기습하여 태평양전쟁을 일으키고 대한민국임시정부가 대일 선전포고를 하자 지금까지 재미한인들의 군사조직 희망을 외면하던 미 국방부의 태도가 변했기 때문이다.

유일한은 일찍이 박용만이 이끄는 네브래스카의 헤이스팅스 한인 소년병학교에서 무장군인 훈련의 경험을 토대로 주도적으로 이 일을 추진하여 이런 결과를 얻게 된 것이다. 이 맹호군 창설에 유일한과 함께 일한 사람들은 대개 네브래스카 소년병 출신의 인사들로 박처후·정한경·백일규·김장호·이종철·박장문·구연성·김현구·조진찬·정태문 등이고, 그 외에 정희원·조오홍 등 40여 명도 박용만의 무관 양성을 위한 훈련을 받은 사람들이었다. 이런 경험이 토대가 되어 LA에서의 국방경위대 맹호군 편성을 순조롭게 할 수 있던 것이다. 한편 미국 정부도 태평양전쟁 발발 후 이에 적극 호응하여 캘리포니아 주정부 국민군 사령관 휴즈 정령正領 : 우리나라 대령으로부터 한인 예비중대의 편성요구가 있었다. 그리하여 그해 12월 29일부터 남캘리포니아 LA에서 한인국방경위대가 발족되어 18세 이상 64세 이하의 남자들을 대상으로 지원을 받기 시작하였다.

그리고 부대의 소속에 대해서는 미국 법률상 외국인 군대는 미 육군에 속할 수 없게 되었기 때문에 주정부 미군사령부와 협의하여 캘리포니아 민병대에 소속시켰다. 군복과 무기는 주정부에서 공급키로 하고 부대 편성은 사령관에 김용성金容成[55]을 정위正尉로 임명하고 미 육

---

[55] 김용성(金容成, 1897~1962) : 평양 출생, 1904년 박용만이 네브래스카주에 설립한 한인소년병학교에 입학하여 유일한과 함께 1911년 제1기로 졸업. 1941년 4월 하와이 호놀룰루에서 개최한 해외한족연합회 집행위원. 1944년 대한민국임시정부 주미외교위원장. 1998년 건국훈장 독립장 추서.

군 소위 세리를 교관으로 고용하여 제1차로 50여 명을 교련하기 시작하였다.

부대 명칭은 맹호군이라 하였다. 대한민국임시정부 군사위원회는 1942년 2월 29일 이를 정식 승인하였다. 이는 임시정부의 권위를 존중하는 뜻에서였다.

그해 4월 26일 캘리포니아 주정부가 인가장 수여식을 거행하는데 그 식장 좌편에 재미한족위원회 집행부 위원장과 부위원장, 국방과장, 선전과장 등이 참석하고 우편에는 캘리포니아주 지사 대리, 로스앤젤레스 시장, 미 육군사령부 대표, 캘리포니아 민병대 대표들이 열석한 가운데 집행부 위원장 김호金乎의 훈사와 케어 소령의 연설과 그 밖에 여러 사람의 축사로 예식을 끝내고 사령관 김용성의 지휘로 맹호군 관

▼ 재미한인 경위대, '맹호군'의 관병식.

병식이 있었다. 이때 사령관 김용성이 나열한 맹호군에게 남색 바탕에 맹호의 머리를 수놓은 대대기를 전달하였다. 이는 맹호 형상과 같은 한국 강토를 표시한 것이다. 한국의 지형은 일제가 우리 민족을 나약하게 비하하여 토끼 형상에 비유했지만 이들은 한국의 지형이 앞발을 만주에 놓고 뒷발로 일본을 박차고 나가는 맹호 형상이란 것이다. 그래서 독립군 명칭도 '맹호군'이라 한 것이다.

당시 재미동포 중 맹호군에 응모한 사람은 모두 109명이었고, 연령은 30세부터 65세에 이르렀으며, 노령층은 대개 대한제국 시기의 광무光武 군인 출신으로 다소 훈련을 받은 사람들이었다. 맹호군 창설 소식은 국내와 극동에 알려져 항일투쟁을 격려하였다.

1943년 1월 6일에는 샌프란시스코에서 맹호군 지대까지 편성하였다. 이에 앞서 1942년 8월 29일 로스앤젤레스 시청에서 태극기 현기식懸旗式을 거행했다. 1910년 일제의 한국 점령으로 내려졌던 한국 국기가 32년 만에 다시 외국 관청에 게양되어 큰 민족사적 큰 의미를 남기게 되었다. 이는 LA 시청에서 한국의 독립을 승인한 것과 같은 의미가 되기 때문이다.

이날 현기식은 매우 장엄하고 찬란하게 진행되었는데 그 예식의 주석은 미국 측에서는 해군 대장 알버트 마샬이고 한국 측에서는 재미한족연합위원회 집행위원장 김호였으며 사회자는 LA부시장 피터슨이었다. LA 주정부가 이렇게 나서게 된 것은 한인국방경위대인 맹호군이 태평양 군도와 원동극동전에서 미군을 도울 특무공작과 통역 인원을 공급하였으며 미 정보국 사무를 협조하는 등 미국의 대일승전을 위해

▼ 로스앤젤레스에서 거행된 태극기 현기식(1942. 8. 29) : 미국 로스앤젤레스 시청의 국기게 양대에 오른 태극기. 재미동포들은 로스앤젤레스 퍼싱 광장에서 시청까지 태극기 행렬 시위를 했고, 이어 애국가가 울리는 가운데 태극기를 게양했다.

노력하였기 때문이다.

　현기식은 국기 게양식이다. 이날 오후 2시 LA 퍼싱 광장에서 시청까지 보무당당하게 행진하는데 지휘관의 차를 따라서 군악대와 한복을 가지런히 차린 한국 부녀자의 국기행렬이 제1차 순서였다. 무대 위에 한·미 양국 대표자들이 차례로 앉고 그 밑에 미국 육군과 한인부녀 찬양대가 늘어섰고 국내외 참관자로 인산인해를 이루었다. 한·미 양국 국가를 주악으로 개최하고 LA 시청에 드리는 한국 국기 봉헌식이 제2차 순서였다.

　LA시장 빠론이 국기게양식을 거행할 때 단상 단하의 일동이 일제히 일어선 가운데 한·미 양국의 군대가 정렬하였다. 하오 3시 정각 성악가 이용준이 군악대 반주에 애국가를 부르는 소리와 함께 서서히 올라가던 태극기가 무대 위로 올라가 찬란하게 펼쳐지는 순간 찬양대가 부르는 애국가가 크게 울려 퍼지는 광경이 다음 순서였다.

대한민국임시정부와 남가주정부 당국자 그리고 각계방면의 축사들이 낭독되고 명사들의 연설이 있은 후 선언문을 12개국의 언어로 번역하여 국내와 원동극동과 구라파 각지에 방송하는 것으로 현기식은 모두 끝났다. 이때 47세의 유일한은 앞에 언급한 조소앙, 이승만, 캘리포니아 주지사 칼벗올손Cuttert L. Olson 등의 축사를 낭독하는 등 맹호군 창설과 현기식을 거행하는 데 크게 기여했다. 당시 유일한의 활약은 재미한국인에 의해 그 전모를 알 수 있었고 최근 당시의 비디오가 발견·공개되어 사실로 확인되고 있다.

▼ 로스앤젤레스 시가를 행진하는 한인국방경위대, 맹호군(1942) : 한인국방경위대는 태평양전쟁이 발발하자, 재미한족위원회에서 독립전쟁에 참여할 목적으로 결성했다. 대원 중 일부는 1944년 후반부터 미국의 지원 아래 펼쳐진 냅코작전에 참여해 훈련받았다.

Newlhan

제4장

항일운동에 온몸을 던지다

Newlthan

PART **01**

임시정부와 재미한족연합회

1941년 4월 재미한족연합회가 이승만을 대미외교위원으로 임명하였다. 이에 이승만은 구미위원부를 계승한 주미외교위원부를 조직했고 중경에 있는 임시정부는 이를 승인하고 그해 6월 4일 임시정부 주석 김구와 외교부장 조소앙의 이름으로 미국대통령과 국무장관 앞으로 신임장을 보냈다.

그 신임장 전문은 다음과 같다.

信任狀

大韓民國臨時政府 國務會議의 決議로써 現 駐美外交委員長 哲學博士 李承晚으로 駐華盛項 全權代表를 選任하여 北美合衆國 政府

當局으로 더불어 駐美外交部에 關한 事宜의 文涉을 進行케함

大韓民國 二十三年 六月四日

大韓民國臨時政府 主席 金九

外交部長 趙素昻

이와 함께 김구 주석과 조소앙 외교부장은 각기 미국대통령과 국무장관 앞으로 전통적인 한미우호에 기초해서 임시정부를 승인해 줄 것과 일제를 타도하기 위한 군사 원조를 간청하는 공문도 보냈다.

이에 따라 이승만의 대미외교는 크게 두 가지로 추진되었다. 첫 번째는 임시정부를 승인해 달라는 외교적인 내용이었고 두 번째는 미군부에 대한 접근이었다. 이는 임시정부를 군사적으로 지원하거나 재미 한인들을 동원한 게릴라부대를 창설해 달라는 요청이었다.[56] 이승만은 임시정부의 지시에 근거하여 1942년 12월 9일 미 국무부 정치담당 고문인 혼벡S.K Hornback에게 임시정부의 신임장을 제출하며 본격적인 임시정부 승인운동을 시작했다.[57]

이와 같이 미 국무부와 백악관 등에 직접 대한민국임시정부 청원 외에도 외곽 단체인 한미협회, 기독교 친한회 등을 조직하여 국무부에 압력을 행사하였다. 그중에서 1942년 2월 27일부터 3월 1일까지 워싱턴 D.C. 라파예트호텔에서 자유한인대회 대중집회를 개최하여 여론에

---

56 정병준, 『이승만의 독립운동론』, 역사비평사, 2000, 70~75쪽.

57 미 국무부 외교문서 895, 1941. 12. 9.

호소하는 한편 미 의회에 임시정부 승인 결의안 청원을 제출하였다. 이는 대한민국의 독립 호소와 임시정부 승인을 요청하는 한편 자신의 명망을 높이는 데 큰 정성을 기울였다. 특히 1942년부터 1943년 사이에 미국 정부 요로에 맹렬히 편지 공세를 하면서 한때는 지방지부 설치에 노력하기도 했다.[58] 이와 같은 이승만의 활동 중에 가장 큰 성과로 꼽을 수 있는 대한인자유대회는 재미한족연합회와 주미외교위원부가 공동으로 주최하였다. 이승만이 조직한 한미협회와 한국기독 친우회의 미국인 회원들이 대거 참여하여 연설했는데 한국독립과 임시정부 승인, 그리고 이승만에 대한 지지를 호소하는 내용이었다. 이 대회에서는 미국 정부에서 임시정부를 승인해 달라는 결의문도 채택하였다.[59]

이와 같이 1940년대 초반 이승만의 대미외교는 이승만 나름대로 최상의 노력을 기울인 것이었으나 자금 부족과 미 국무부의 냉담한 태도에 부딪혀 큰 성과를 거두지는 못했다.

한편 앞에서 언급한 바와 같이 김구 주석과 조소앙 외교부장도 각각 미국대통령과 국무장관 앞으로 전통적인 한미우호에 기초해서 임시정부를 승인해 줄 것과 군사원조를 요청하면서 일제 타도에 적극 협력해 줄 것을 간청하는 공문을 보냈다. 이는 미 국무부 극비 기록문서 속에 정식으로 접수 보관되었다.

---

58 「신한민보」 1942년 2월 29일자, 신한민보(新韓民報)는 1909년 2월 10일 재미교포 단체가 창간한 신문으로 샌프란시스코 교민 단체인 국민회의 기관지로 1909년 해체된 공립협회 기관지 공립신보(共立新報)와 대동보국회의 기관지 대동공보(大同公報)를 통합하여 만든 신문이다.
59 「신한민보」 1942년 3월 12, 19, 26일자. 「대한인 자유대회보고: 대회서기 정운수. 기고」.

그러나 이에 대한 미 국무부의 회신은 매우 냉담했는데, 국무장관 코델헐Cordell Hull은 어떠한 국민도 그 자신이 자유를 위해 싸우지 않을 경우, 미국의 원조는 기대할 수 없다는 답장을 보내왔다.

그러나 이러한 미국 정부의 입장은 1941년 12월 7일 일본군의 진주만 기습공격으로 발발한 태평양전쟁 이후 변화하기 시작한다. 태평양전쟁은 지금까지 일본을 의식해서 국제무대에 한국문제의 제기를 회피하던 미국 정부로 하여금 한국문제에 보다 적극적인 관심을 가지게 하였다.

재미한인들은 태평양전쟁 발발 직전부터 중국 중경의 대한민국임시정부 소속의 광복군과 결합하거나 혹은 독립적인 한인부대 곧 게릴라부대를 창설해서 대일특수전에 자신들을 투입해 달라는 요청을 미군 당국에 제기했다.

이는 지금까지 맥아더 사령부와 인도 식민당국 영국으로부터 동남아 진출을 방해받던 미국의 정보조정국Coordinator of Information이 중국·한국·버마 등 아시아 지역에서 활동부대를 가질 수 있게 되었음을 기회로 재미한족연합위원회 외교위원으로 선임된 이승만, 한길수 등이 보다 적극적인 대미활동을 벌인 것이다. 이들은 특히 재미한인들이 종래의 분열을 극복하고 재미한족연합위원회라는 교민조직 겸 독립운동조직을 창설하여 대일독립운동에 나서고 있음을 상기시켰다.

당시 발족상태에 있던 재미한족연합회와 접촉하면서 중국 내 한국 독립군의 존재를 지속적으로 선전하였다. 미국 정보기관의 효시인 COI는 1941년 7월 태평양전쟁 직전 정보조정국으로 발족했으나

1942년 6월 전략정보국OSS; Office of Strategic Services 으로 개편되었고 이것이 1943년 설립된 CIA의 전신이다. OSS를 활동분야별로 분류하면 정보공작과 행동공작으로 크게 양분된다.

정보공작면에서는 첩자접선과 첩보수집SI, 방첩X-2, 연구분석R&A 미국 내의 소수민족 연줄을 통한 정보수행FNB, 위장검열정보정리CD 등이고 행동공작면에서는 적후 게릴라작전과 파괴활동SO; Special Operations, 심리전, 흑색선전, 전단삐라 제작 살포MO; Morale Operations, 해상공작조MU; Maritime Unite, 공작원 훈련FEU; Field Experimental Unit 특공대Operational Groups 등으로 분류된다.

미국이 재미교포로 하여금 잠수함 수송으로 SO 적후 게릴라 작전과 파괴활동 작전을 수행하고자 했다면 우선 한반도 해안선에 잠입하기 쉬운 후보지를 조사·연구하고 FEU 공작원 훈련 에서 훈련을 받고 MU 해상공작조가 개입한 잠수함에 의하여 잠입한다는 구도가 성립된 것인데 유일한 등이 포함된 미주지역의 냅코NAPKO 작전이 바로 이러한 예가 된다. 냅코작전은 미국 정보전략국 OSS의 지원을 받은 중경임시정부 광복군 제2지대의 국내 정진挺進 계획, 즉 독수리작전과 제휴하여 양면전을 전개하고자 했으나 일본의 패망으로 좌절되고 말았다.

1942년 이후 이미 미국 정부는 군사점령·군정실시·다자간 신탁통치 실시라는 3단계 대한정책의 기본 틀을 정해놓은 상태였다. 임시정부에서도 외교활동의 강화를 위하여 외교연구위원회를 설치하고 수시로 변하는 국제정세를 연구분석하여 이에 대처하는 외교정책을 수립하게 하였다. 1942년 6월 23일 외교연구위원회 규정을 공포하고 같은 해

8월 4일 신익희申翼熙·이두산李斗山·장건상張建相 등을 외교연구원으로 임명하는 등 외교활동을 전개하였다. 하지만 미국 정부는 세계 각국의 수많은 자칭 망명정부의 대표성을 인정하지 않는다는 일반적인 원칙을 표방하고 있었던 것이다. 더구나 한국임시정부의 파벌대립과 대표성 부재에 심각한 회의를 가지고 있었다.

한인사회 내부에서도 이승만식 외교에 대한 비판이 적지 않았다. 또 주미외교의 주된 협상 창구는 대한정책의 입안자였던 국무부였지만 이승만은 이 국무부와 원활하지 못한 관계를 형성함으로써 소기의 목적과는 거리가 멀 수밖에 없었다.

한편 연합국의 승리가 임박하면서 일제의 패망이 한국의 독립과 직결되지 않는다는 조짐이 서서히 나타나기 시작하였다. 전후 한국문제에 대한 연합국 최초의 공식적인 반응은 1943년 12월 1일에 공표된 '카이로 선언'이었다. 미국·영국·중국의 원수들은 이 선언에서 "한국인의 노예 상태에 유의하여 적당한 시기에 한국은 해방되고 독립될 것을 결의한다."고 밝혔다. 이 선언에 대해 해외독립 운동세력들은 원칙에 대해 환영하면서도 '적당한 시기'라는 유보 조건에 대해 적지 않은 불안감을 가지게 되었다. 특히 임시정부의 김구 주석은 '적당한 시기'에 한국을 독립시킨다는 구절에 대하여 부정적인 입장을 표명하였다. 그는 일본이 붕괴되는 시점에 독립을 얻지 못하면 역사적 전쟁을 계속할 것이라고 하였다.

임시정부는 전후 한국문제에 대한 국제적 승인 획득을 선결과제로 인식하였다. 그러나 미국 정부는 임시정부의 승인을 외면하면서 일본 패망 이후 한반도에 대한 신탁통치를 구체화하여 가고 있었다. 이로써 대미외교의 첫 번째 목표인 전후 한국의 즉각적인 독립을 전제로 한 임시정부 승인은 더 이상 기대할 수 없게 되었다.

다음으로 이승만이 미군부 및 정보부서와 접촉하여 여러 번에 걸쳐 한인 게릴라부대 창설을 제안하였음은 이미 여러 차례 언급되었다. 이 제안은 미 국무부의 부정적인 반응에도 불구하고 미 정보기관들은 이승만의 게릴라부대 창설에 귀를 기울였다.

특히 1941년에 조직된 정보조정국COI이 가장 적극적이었다. 이들은 중국을 통한 일본 침투라는 특수첩보작전 계획을 수립하였고 1942년 3월 정보조정국 제1기생을 모집하였다. 이때 이승만은 36세의 장석윤張錫潤을 추천하였으나 이 계획은 장개석과 스틸웰Joneph. Stilwell의 반대로 무산되었다. 그러나 정보조정국COI은 전략정보국OSS 최초의 첩보부대인 101부대를 창설하여 버마와 중경을 오가며 무선기지 설치, 현지 게릴라 양성, 반일선전 등 특수공작 활동을 벌였다. 1942년 8월 김구는 스틸웰에게 한·미 합작의 게릴라부대 창설을 제안하였다.[60]

그 후 이승만은 1942년 10월 자신이 직접 인도 캘커타로 가서 25,000명의 한인 게릴라부대를 창설한 후 임시정부의 김구 주석과 이청천 광복군 사령관 등과 함께 활동하겠다는 계획을 COI에 제안했

---

60 『우남 이승만 연구』, 「이승만이 굿펠로우에게 보낸 비망록 1942.10.10.」, 『한국독립운동사 자료집』, 국사편찬위원회, 24. 1994. 205~232쪽.

다.⁶¹ 이때 김구와 이승만의 협력이 최고조에 달했고 미 육군부는 두 사람의 연락을 위해 군 무선통신을 제공하였으며 장석윤이 워싱턴과 중경을 오가며 연락원으로 활동하였다. 이에 대해 미군 당국의 답변이 미루어지자 이승만은 1943년 2월 16일과 17일에 코델헐 미 국무장관과 스팀슨 전쟁부 장관에게 편지를 보내어 항의하고 굿펠로우를 통하여 전쟁부 정보참모에게 재촉하는 비망록을 보냈으며 3월 16일 맥클로이 전쟁부 차관에게 한인 게릴라부대 창설을 재차 독촉했다. 이에 대해 맥클로이는 3월 25일 창설 불가의 답변을 해왔다.⁶²

그 이후에도 이승만은 계속해서 1943년 독립군에게 군사 원조 50만 달러를 요청했고 1944년 7월 19일 미 합참의장에게 태평양 섬의 노무자를 이용한 특수작전을 제안했지만 OSS나 군부는 귀를 기울이지 않았다. 그러면서 OSS는 재미한인들이 대동단결과 대타협을 못하면 분열의 중심세력인 이승만이나 그의 비판세력인 한길수의 소속단체들은 이용하지 않는다는 원칙을 세웠다. 이와 같이 개별적으로 재미교포를 한국 침투공작에 활용하려 했으니 1944년 말부터 본격화된 OSS의 한반도 침투작전인 냅코작전은 이렇게 개별적인 참여의 형태로 추진된 것이다.⁶³

한인 게릴라부대 창설이라는 이승만의 호소는 큰 성과를 거두지 못

---

61 정병준, 『우남 이승만 연구』, 역사비평사, 2005, 251쪽.
62 『우남 이승만 연구』, 252~253쪽.
63 「NAPKO Project of OSS: 재미한인들의 조국 정진계획」, 국가보훈처, 2001, 119~123쪽.

했지만 이승만은 이를 추진하는 과정에서 군부와의 관계를 맺을 수 있었다. 1942년 6월부터 7월 사이 OSS의 요청으로 미국의 소리 방송을 통하여 한국인들에게 무장봉기를 호소하는 유명한 연설로 그 명성이 전국적으로 크게 알려지게 되었다.

이승만은 외교문제를 둘러싸고 재미 한인사회에 끊임없이 분쟁을 발생시켰다. 한길수와의 분쟁, 재미한족연합회의 중경 특파원 방해 의혹, 1943년 전경무田耕武, 김호와의 분쟁, 독립자금 관할 시도, 외교위원부 지방지부 설치 시도 등 재미 한인사회에 분열 양상의 불씨를 남겼다.

PART 02

한족연합위원회와 워싱턴 사무소

1941년 4월 20일부터 하와이 해외한족대회에서 결성된 미주한인들의 대표적 독립운동단체인 재미한족연합위원회_{이하 연합회라 한다}는 재미 한인사회의 안녕과 복지를 도모하면서 대한민국임시정부를 받들고 독립전선의 통일 군사 및 외교활동의 전개와 미 국방공작의 후원, 재정의 수합 등 조국의 독립을 실행하기 위해 설립되었다. 연합회는 하와이 호놀룰루에 위치한 의사부와 북미 LA에 위치한 집행부로 나누어져 있고, 위원제로 운영되었다. 운영은 두 부서의 협력을 통하여 이루어졌다.

연합회에 참여한 주요인사로 의사부의 경우 위원장 이원순·박상하, 부위원장 안원규 등이고 집행부의 경우 위원장 김호, 한시대 부위원장, 김병민 등이며, 유일한은 집행부의 집행위원으로 활약하였다.

이 연합회의 주요활동을 보면 먼저 재정 모금을 단일화하여 연합회의 역할과 위상을 제고하였으며 각종 위원금 명목을 독립금으로 통일하였다. 연합회의 예산은 태평양전쟁 후 고조된 독립운동의 열기로 독립금의 수입이 처음 2만 달러에서 6만 달러로 대폭 증대하였다. 독립금 수입은 임시정부에 2/3, 연합회의 외교위원부에 1/3을 지원하기로 하였다. 연합회가 임시정부에 지원한 금액은 58,201달러로 이는 총 독립금 수입의 39%에 해당하였다. 그러나 이 모금된 독립금 집행문제로 1943년 연합회와 이승만 사이에 분쟁이 발생한 후 독립금의 수입은 급격히 떨어졌다.

이 분쟁의 이유는 북미 동지회를 중심으로 한 이승만 지지자들이 연합회를 거치지 않고 이승만에게 직접 자금을 송부하면서 연합회로의 재정집중 원칙이 깨졌기 때문이다. 이 분쟁으로 집행부는 1943년 2월부터 이승만이 위원장으로 있는 주미 외교위원부에 송금을 중단하였다.

이 분쟁과정에서 임시정부는 연합회가 요구한 주미 외교위원부 개조문제에 소극적으로 대처하여 1944년부터 연합회의 임시정부 재정지원도 급격하게 줄어들게 된 것이다. 연합회의 내부갈등과 분쟁은 결국 연합회와 이승만 간의 미주 한인사회의 주도권 다툼이었다. 이승만은 미주지역에 대한 모든 재정과 활동은 외교위원부로 집중되어야 한다고 생각하고 있었다. 그러나 연합회는 전체 미주한인회의 결의로 성립된 대표기관인 연합회가 일개 정부의 대리기관인 외교위원부에 종속되거나 좌지우지 될 수 없다는 입장이었다.

이는 북미지역의 연합회 집행부와 하와이지역의 이승만을 지지하는 연합회 의사부 사이에서 비롯된 분쟁으로 쉽게 해결될 수 없었다. 이러한 가운데 1944년 6월 10일 재미한족연합위원회가 외교사무의 원활한 수행을 위해 워싱턴 D.C.Washington, D.C.에 재미한족연합위원회 워싱턴 사무소를 설립하였다. 이 기관은 이승만이 주도하는 워싱턴 DC의 주미 외교위원부와 별도의 조직으로 설치되었다. 연합회 집행부에서는 워싱턴 사무소를 설립한 이유를 다음과 같이 설명하였다. 임시정부가 국제적으로 승인받지 못한 상황에서 능력 있는 인물을 통한 연합국의 공동 승리와 미국 정부에 대한 협력 그리고 한국의 자유와 독립을 위하여 미주한인을 대표하는 단체로서 최선을 다할 것이라고 설명하였다. 이러한 설명은 연합회가 임시정부의 일을 대신하여 민중의 대표로 적극 활동하겠다는 의미였다. 워싱턴 사무소의 설치가 주미 외교위원부의 활동과 겹친다는 우려에 대해 연합회는 이 사무소를 통하여 오직 한국의 독립과 일제의 패망을 위한 항일운동에만 전념할 것이며 주미 외교위원부의 일에는 간섭하지 않을 것이라고 했다. 이로 볼 때 연합회는 처음부터 임시정부의 외교기관으로 이승만이 주도하는 주미 외교위원부와 완전히 분리해서 독자적인 외교활동을 펴나갈 구상을 갖고 있었다고 할 수 있다. 이 워싱턴 사무소 설립에 연합회 내에서도 반대하는 목소리도 있었지만 전체 회의에서 다수결로 결정하였다.

그러나 이 결정에 반발하여 송헌주宋憲澍[64], 백일규白一圭 등 6명의

---

[64] 송헌주(宋憲澍, 1880~1965) : 서울 출생. 1904년경 미국으로 건너가 한인상조회 회장, 대한민국 임시정부 구미위원, 북미 대한국민회 총회장, 재미한족연합회 이사, 1995년 건국훈장독립장 추서.

집행위원들은 사임하였다. 연합회는 워싱턴 사무소의 조직을 위해 제3차 전체회의에서 전경무 등 4인을 외교위원으로 선임했고, 전경무田耕武[65]는 한인들이 연합국의 대일전쟁에 참여할 수 있도록 미국전쟁부와 국무부와 교섭하였으며 결국 2명의 한인 청년을 미 육군에 참여시켰다. 1944년 캐나다 몬트리올에서 개최되는 국제연합구제, 부흥회에 참가하기 위한 교섭 끝에 연합회 대표로 김용중金龍中, 1898~1975 과 임병직林炳稷, 1893~1976 이 참가토록 하였다.

또 1945년 1월 1일부터 1월 29일까지 버지니아에서 개최되는 태평양문제조사회에[66] 참가교섭을 주선하여 참가자격을 획득하였다. 1944년 10월 19일 워싱턴 사무소를 비롯한 5개의 한인단체 대표들이 전경무·정한경·유일한을 한인 공동대표로 선정하였다.

그 후 연합회는 워싱턴 사무소에 연구부, 선전부, 교섭부를 설치하고 상근직으로 5인의 위원을 선임하기로 결의하는 등 크게 확충하기로

---

65 전경무(田耕武, 1900~1947) : 평북 출생으로 1906년 하와이로 이주. 미국 본토 미국인에게 입양된 뒤 미시간대학에 입학. 동양인으로는 처음으로 전미국대학 웅변협회회장, 하와이의 대한민국임시정부 후원단체인 「단합회」에 가입, 임시정부를 적극 후원. 1941년 미주지역 한인들의 통합 단체인 재미한족연합회 의사부위원을 맡아 임시정부 후원과 외교선전사업을 추진하였으며, 1944년 워싱턴 외교사무소 외교위원으로 활약하였다. 광복 후 올림픽 위원회 부위원장으로 한국이 국제올림픽 위원회(IOC) 정식 회원국으로 런던 올림픽에 참가하는데 크게 기여하였다. 1947년 스웨덴 스톡홀름에서 열리는 IOC 총회 한국대표로 참석하기 위해 미 군용기편으로 가던 중 비행기 추락사고로 사망. 1995년 건국훈장 애족장 추서.

66 태평양문제조사회(IPR; International of Pacific Relation) : 1945년 1월 1일부터 1월 29일까지 미국 버지니아주 핫스프링(Hot spring)에서 개최한 태평양 연안 12개국 대표 160명이 참석하여 전후 일본의 처리문제를 논의한 국제회의였다.

하였다. 이러한 확대 조치는 이미 일본의 패망이 현실로 다가온 상황에서 앞으로 있을 전후 국제회의에서 독립된 한국의 근대적인 국가건설을 대비하겠다는 의도로 보인다.

PART 03

유일한과 민족경제

유일한은 1944년 6월 8일 미 국무부 극동분과의 다이코버Dichover 에게 카이로 회담에서 독립을 약속한 만큼 우리나라의 경제문제 등에 관심을 가져달라는 다음과 같은 내용의 서신을 보냈다.

한국경제 개요Korea Economic Digest 의 첫 주제 사본이 귀하에게 우송되었습니다. 우리는 귀하가 그것을 마음에 들어 하기를 희망합니다. 귀하께서 그 내용 즉 협회Society 의 목적과 우리의 계획업무에 대해 검토한 후에 우리에게 솔직하게 편지를 주신다면 우리는 매우 감사하겠습니다. 그 귀하의 의견에 우리가 하고 있는 업무가 태평양전쟁 수행에 어떠한 실질적 도움이 되든지 간에 우리에게 서신을 주시기 바랍니다. 우리는 그 업무가 카이로 회담에서 자유와 독립이 선포된 전후 한국의 독립에 어떤 도움이 되기를 기대합니다. 당신은 우리의 계획이 국제 무역관계의 진전에 어떠한 것이라도 기여할 것이라고 생각합니까?

유일한

이에 관해 다이코버는 이틀 후인 6월 10일 전적으로 흥미를 갖고 언제든지 함께 만나 한국의 경제문제 등에 관해 협의하고 토의할 수 있다는 긍정적인 회답을 보내왔다.

유일한의 이 무역관계 서신은 독립운동과 긴밀한 관계가 있었다. 그는 1944년 11월 「아시아와 아메리카Asia and America」라는 저널에 「한국과의 교역을 권한다」라는 논문을 발표한 일이 있다. 당시 유일한은 미군 정보국의 자문위원으로 있었으며 국제뉴스에 신속하게 접할 수 있었기 때문에 누구보다도 빨리 전쟁의 귀추를 예측할 수 있었다.

그리고 미국의 승리로 전쟁이 종식된다면 한국의 자주 독립은 필연적으로 뒤따를 것으로 판단하고 있었다.

유일한은 헤이스팅스 한인소년병학교에서 고된 군사훈련을 받은 이후 1945년 냅코작전에서 국내 정진挺進 제1조 책임자로 특수훈련을 받기까지 30여 년간을 항일독립운동에 전념하면서도 민족기업의 육성에 심혈을 기울였으니 그의 기업활동은 결국 독립운동의 한 방략이었다.

▼ 고려경제회보 : 유일한이 편집·발행한 월간지.

PART 04

유일한과 태평양문제조사회(IPR)

1943년 11월 27일 「카이로 선언」에서 한국에 대해 "현재 한국민이 노예 상태에 놓여 있음을 유의하여 앞으로 한국을 자유독립국가로 할 결의를 가진다."라고 명시하여 처음으로 한국의 독립을 국제적으로 보장받았다. 그 후 1945년 1월 1일부터 1월 29일까지 미국 버지니아주 핫스프링 Hot Spring에서 개최된 태평양 연안의 12개국 대표 160명이 참석한 태평양문제조사회에서는 한국이 해방 후 6개월 이내에 반드시 독립국이 되어야 한다고 보다 구체적이고, 공식적인 결의를 하여 미주한인들을 크게 고무시켰다. 이 대회에 전경무·유일한·정한경이 참석하였다.

참석자들은 전후 일본의 처리문제를 진지하게 논의하였다. 이 회의에서 유일한 등은 일본이 침략하여 약탈해 간 제조공장 등에 대해 UN

▼ 전후 문제를 논의하기 위해 열린 IPR총회에 한국 대표로 참석한 유일한(중앙), 정한경(오른쪽), 전경무(왼쪽). (1945년 1월, 버지니아주 핫 스피링.)

감시하에 조속한 시일 내로 약탈국이 즉각 보상해야 한다고 심도 있게 합의하였다. 또 IPR은 오랜 토론 끝에 전후 일본의 처리문제와 관련하여 아래와 같이 6가지 단계를 합의했다.

❶ 천황제도를 폐지하고 히로히토와 그의 추앙자들은 어떠한 비난도 감내해야 하며 군대의 철폐와 평화조약에 대한 승인을 한다.
❷ 군조직의 와해는 물론 산업 경영자, 공업가, 실업가, 제조업자도 전범자로 기록한다.
❸ 언론 집회의 자유와 선거를 통한 1880년의 헌법 개정은 물론 민주주의 법을 채택할 수 있다.
❹ 일본군은 대만, 만주東北三省로부터 철수하고 카이로 선언에 따름

과 동시에 일본 남쪽의 류구, 북쪽의 쿠릴열도를 UN의 해군과 공군의 전략기지로 사용케 한다.
❺ 일본 정부나 왕족의 모든 재산은 연합국이 보상 없이 점유할 수 있다.
❻ 여타 지역의 모든 일본인을 즉각 본국으로 귀환 조치한다.[67]

이상의 논의는 1945년 1월 9일에 있었다. 이것은 일본이 카이로 선언과 포츠담 선언을 인정하고 항복하라는 열강 강대국 회의에서의 압력이었던 것이다.

유일한은 160명의 대표자들에게 우리나라 독립의 당위성을 강조하는 별도의 모임도 가졌다. 이때 이미 유일한은 냅코NAPKO 작전 계획에 참여하고 있으면서도 IPR에 정한경, 전경무 등과 함께 참석하여 한국의 독립문제를 세계화·공론화하는데 외교적인 성과를 거두게 된 것이다.[68]

유일한은 미시간 대학에 재학중이던 1919년 24세의 청년때, 필라델피아에서 열린 한인자유대회에 이승만·서재필 등과 함께 참가하여 세계에 한국민의 자주독립을 호소하는 결의문을 스스로 짓고 낭독하였으며 일형一馨이란 이름을 한민족을 상징하는 일한一韓으로 고칠 정도로 애국심이 투철했다. 1926년 유한양행을 창설하고 민족기업을 육

---

[67] 「뉴욕타임즈」: 1945년 1월 10일자 기사.
[68] 『나라사랑의 참기업인 柳一韓』, 유일한 전기편집위원회, 동아출판사, 1995년, 176쪽.

▼ 태평양문제조사회(Institute of Pacific Relations)에서 전후 문제를 논의하기 위해 개최한 학술대회에 참석한 정한경(오른쪽에서 첫 번째), 유일한(오른쪽에서 세 번째), 전경무(왼쪽에서 첫 번째).

성하다가 1938년 재차 미국에 건너가 하와이·샌프란시스코·LA·워싱턴·뉴욕 등을 왕래하면서 해외한족대회를 열 때 동집행부에 가담하여 동지들의 갈등과 반목을 해소하는 데 적극 중재에 나섰다. 1943년에는 해외한족연합회의 기획연구위원장으로 『한국과 태평양전쟁』이라는 책자를 발간하면서 독립운동에 적극 참여한 바 있으니 태평양문제조사회에 참가하여 한국 독립문제를 세계에 공론화하는 외교적 성과를 거둔 것은 그 투철한 국가관과 항일의식의 당연한 결과물이라 할 수 있을 것이다.

PART **05**

태평양전쟁 비망록

1943년 6월 14일 유일한이 깊이 관여한 재미한족연합위원회 집행부에서는 미국 48주 주지사와 각 도시 시장에게 공한을 보내어 국치일 8월 29일에 한국국기를 달기 시작하였다. 그해 11월 유일한은 재미한족연합위원회 전후 계획 연구부의 위원장으로서 부위원장 김용성 간사, 김성락 이사, 손헌주, 김병연과 같이 『한국과 태평양전쟁 Korea and the Pacific War』이라는 책자를 발간하여 오늘날까지 귀중한 자료로 전해지고 있다.

태평양전쟁은 일본 제국주의자들이 1937년 중일전쟁을 일으켜 단기전으로 승전을 목표했으나 중국의 저항이 완강하여 장기전으로 이어지자 국민의 염전사상 확산을 두려워하여 이른바 남진정책을 모색하게 된 결과물이다. 마침 1939년 유럽에서 제2차 세계대전이 발발하

CONDENSED REFERENCE

KOREA AND THE PACIFIC WAR

A memorandum prepared as a partial plan for more effective participation by the Korean people in the present war

and as

a guide to an understanding of Korea's present and post-war problems, her economic status and the capacity of her people to carry on an enlightened and stable self-government

★

Published by

**UNITED KOREAN COMMITTEE IN AMERICA
PLANNING AND RESEARCH BOARD**

New Ilhan, Chairman
Kim Yongsung, M.D., Vice-Chairman   Kim Seungnak, Ph.D., Secretary
Song Hernjue, M.A., Director   Kim Pyengyun, Director

NOVEMBER, 1943

▼ 재미한족연합회의 기획조사부에서 발행한 한국 광복 홍보용 영문 팸플릿. 유일한과 김용성이 책임자다.

고 독일이 승리를 계속하자 일본은 독일과 동맹을 맺고 동남아시아와 태평양지역에 있는 네덜란드, 프랑스, 영국의 식민지들과 미국 식민지인 필리핀을 정복하고 이들을 묶어서 일본 경제식민지 블록인 소위 대동아공영권으로 개편하는 등 침략 야욕을 실현하고자 하였다. 그 준비로 1940년 9월 독일, 이탈리아와 3국 동맹을 맺고 1941년 12월 8일 하와이 진주만의 미국 태평양 함대 기지를 공격함으로써 이른바 태평양전쟁이 시작되었다. 일본군의 미국에 대한 선전포고는 기습한 훨씬 후에야 발표되었다. 일본군은 같은 날 서남 태평양에 있는 미국과 영국의 군사기지들도 선전포고 없이 공격했으며 말레이 반도와 필리핀 본토에 상륙작전을 실행하였다.

1941년 12월 5일 홍콩을 점령하였다. 이어 1942년 3월 자바·수마트라·미얀마의 랑군 등도 점령하였다. 그야말로 파죽지세로 연전연승이었다. 일제는 여기서 그치지 않고 남진해서 오스트레일리아, 뉴질랜드 등 대양주도 세력권에 두려고 하였다. 그러나 일본군은 1942년 6월 5일부터 7일에 걸쳐 하와이 북서쪽 미드웨이 해전에 승패를 걸고 야마모토山本 해군대장이 지휘하는 전단 11척, 항공모함 8척, 순양함 18척과 나구모南雲 중장이 지휘하는 기동부대를 합친 350척의 대병력을 동원하여 미드웨이 섬의 미군기지 공격과 미 해군 기동부대를 유인하여 섬멸하려는 작전을 펼쳤으나 대패하였다. 이에 전세가 역전되기 시작하여, 1943년 2월 과달카날 섬에서 패주했으며 연합군은 1943년 9월 뉴기니 섬을, 10월에는 마샬군도를 탈환하였다. 이에 미국, 영국, 중국 3국 대표는 12월 말 카이로에서 적당한 시기에 한족을 독립시킬 것과 일본의 영토는 1894년 청일전쟁 이전의 영토로 한정한다는 것을 명백하게 하였다. 이어 1945년 8월 15일 무조건 항복한 것이 태평양전쟁의 종말이다.

그런데 이 태평양전쟁 비망록은 1942년 10월 미국 정부 전략청의 권유에 따라 당초 전략청을 위해 마련된 연구서를 토대로 유일한이 중심이 되어 작성한 것이다. 이 책자의 의도는 한국의 상황이 특히 정치적인 것, 군사적인 것이 끊임없이 변하는 정세를 정확하게 파악하기 위함일 것이다. 1942년 10월 제2차 대전이 한창일 무렵 미국 정부의 전략청은 재미한족연합위원회에 대하여 한국관계 등을 포함한 태평양전쟁의 장래문제에 대한 연구를 권유하였다. 이 자료는 동위원회의 전후계획 연구부가 그 연구서를 바탕으로 정리한 것인데 한국인이 이 전쟁에 유효하게 참가하기 위한 의견, 한국의 현상과 전후 문제, 그 중에서도 한국 경제의 실정, 한국민의 독립 수행과 자치능력 등에 대하여 당시의 세계, 특히 미국 조야에 관심과 이해를 불러일으킨 기록이다.

PART **06**

광복군과 OSS 중국지부

이승만의 게릴라부대 창설 요청을 거부하면서도 정보전략국 또는 정보전략처OSS의 한반도 침투작전에 직접 참여한 재미한인들이 존재했으니 1944년 OSS는 대일전쟁에서 확실한 전과를 세우기 위해 중국전선에 OSS의 활동을 강화시켰다. 특히 한국인들을 이용한 한국·만주·일본 본토 침투 계획을 강력하게 추진하였다.

  이 과정에서 중국전선에서 OSS는 독수리작전을 추진했고 워싱턴 본부에서는 냅코작전을 추진하였다. 여기서 미국정보기관의 효시이며 중앙정보국CIA의 전신인 정보조정국COI, 1941. 7. 창설과 정보전략국OSS, 1942. 6. 창설은 재미한인들이 지속적으로 주장한 한인 게릴라부대의 창설과 대일 무장투쟁 제기에 귀를 기울였다. 1941년 9월부터 COI는 중국을 통한 대일 정보수집 계획을 추진했는데 이 임무를 담당할 적임자로 게일Esson Mcdowell. Gale[69]을 선정했다. 게일은 한국통치자 이승만에 대해 매우 우호적인 인물이었다.

COI는 게일 사절단의 파견을 위해 1941년 9월부터 12월까지 여러 차례의 대규모의 부서 간 회의를 개최했는데 이승만은 바로 이러한 회의에 참석함으로써 COI와 관계를 맺기 시작했다. 이는 COI 책임자 도노반의 오른팔이자 조직의 2인자인 굿펠로우가 이승만에게 호감을 가지고 있었기 때문이다. 이러한 회의에 게일은 이승만을 중화민국의 손문孫文 박사와 유사한 역할을 할 수 있는 사람이라고 평가했으며 이러한 게일의 평가는 COI의 1인자인 도노반과 2인자인 굿펠로우에게 깊은 감명을 주었다.

게일 사절단은 1942년 2월 8일 뉴욕을 출발하여 3월 중경에 도착하였다. 이들의 임무는 중경의 한인들을 이용하여 비밀정보 및 사보타지 시스템을 구축하는 것이었다. 그러나 이는 중국 정보당국의 강력한 반발과 임시정부 광복군측을 배제하였기 때문에 실패하였다.

미국이 재미교포로 하여금 잠수함 수송으로 SO적후 게릴라 작전과 파괴활동작전을 수행하고자 했다면 우선 연구 분석 부문R&A에서 한반도 해안선의 잠입하기 쉬운 후보지를 연구하여 공작원 훈련FEU을 받고 해상공작조MU가 잠수함에 의하여 잠입한다는 구도가 성립한다. 유일한 이 제1조 조장이 된 한반도 침투 계획인 냅코NAPKO 작전이 바로 이러

---

[69] 에슨 게일(E.M Gale, 1894~1964) : 중국의 전직관료이다. 그는 한국과 깊은 인연을 갖고 있는 인물로 삼촌인 제임스 게일은 한국에서 활동했던 선교사였다. 그는 1909년 이후 여러 차례 한국을 방문하였으며 그의 부인도 의료 선교사였던 헤론(J.H Heron) 부부의 딸로 서울 출생이었다.

한 예가 될 것이다.

　OSS가 창설된 것은 1941년 7월 11일 대통령령으로 비롯되었는데 당초의 기관명은 정보조정국COI; Coordinator Of Information 이었다. 태평양 전쟁이 일어날 때1941. 12. 8.의 주요 업무는 대외선전방송FIS 이었고, 적후공작SO 부문과 첩보 부문은 기초 단계였지만 1942년 초부터는 COI가 아시아의 적후 지구에서 게릴라전을 수행할 수 있도록 100만 달러의 예산을 배당받고 합동참모본부의 재가를 받았으며 이때 이승만의 친구 굿펠로우Good Fellow 대령이 SO를 맡게 되고 데이비드 부르스David Bruce 가 첩자 접선과 첩보수집을 맡게 되었다. 이에 COI의 SO와 SI의 활동무대가 되는 아시아의 여러 곳에 원조의 손을 내밀어 보았으나 이미 맥아더가 필리핀에서 자신의 정보기관과 적후공작 기관을 가지고 자기 영역을 구축하고 있었으므로 협력을 거절하였다. 또 인도를 근거로 활동하려는 COI는 버마·중국·한국을 주목할 수밖에 없었다. 한편 미국 국내에서도 대통령과의 친분으로 자신들의 영역을 침범하는 COI의 창시자 도노반Donovan 의 새 조직을 질시하는 정보조직들의 반대 목소리가 커져갔으며 그 중 육해군의 정보기관들이 더욱 격렬하게 반대했다. 특히 그들은 자신들이 독점하고 있는 미주에 있어서의 방송 독점권을 침식하는 COI의 FIS를 허용할 수 없었던 것이다.

　그러나 군부에서는 민간인 주도하의 적후 전복활동이 군인 주도보다 우수하고 능률적인 영국의 선례를 보아 방송선전 방면을 제외한 거의 모든 조직을 합동참모본부 산하에 두는 것을 제안하였다. 이에 도노반이 이를 받아들여 1943년 6월 13일 대통령의 재가를 얻어 그 이름을

▼ 제2대 대원들과 OSS 교관들(1945. 9. 11) : 노태준(1열 왼쪽), 이범석(1열 중앙), 안춘생(1열 오른쪽에서 두 번째), 이재현(3열 중앙).

OSS로 발족하게 되었다. 이와 동시에 대통령은 선전방송과 전쟁홍보를 주체로 하는 전시정보국OWI을 창립시켰다. OSS는 이후 1945년 전쟁이 끝날 때까지 동서에서 활약하였고 종전 후인 1947년 중앙정보국 CIA으로 재현되었다. 미 국립 공문서보관소에 소장되어 있는 OSS 문서는 1992년 말 현재 문서 10,217상자에 마이크로필름 966상자에 보관되어 있는 것으로 알려져 있다.

결국 이승만이나 한길수 등의 미주지역 한족연합회의 게릴라부대 창설이나 임시정부의 광복군 지원 요청이 매우 끈질기게 다방면으로 전개되었으나 미 국무부의 기본적인 태도는 변하지 않았다. 즉 한국통으로 유명한 미 국무부의 랭던 Langdon[70]은 한국 독립문제의 몇 가지 유의사항을 지적했는데 그 내용을 요약하면, 첫째 모든 한인단체들이 단결하여 하나의 위원회를 만들고 운영할 수 있다는 능력을 보여줄 것, 둘째 이 위원회가 일본의 패배와 한국의 독립을 위하여 능동적인 노력과 공헌이 있다는 것을 보여줄 것, 마지막으로 한인을 군사적으로 이용하는 문제를 지적한다면 소위 중국 국부군이나 중공군 산하의 한인 무장세력은 미미한 존재이고 중국 내 일본군 치하의 한인은 대개 비열한 일본군의 앞잡이들로서 무장시켜 반일운동을 시킬만한 무장세력이 아니란 것이다. 다만 다년간 일본군과 싸워왔던 북간도의 독립군들과 접촉하여 이들을 훈련시켜 독립 무장세력의 핵으로 삼아야 한다는 것이었다.

이와 같은 랭던의 뜻이 한족연합회의 진로에 영향을 주어 유일한 등 몇몇 사람들은 한족연합회에 들어가 상호 대립하는 반목이나 정책적 이견 노출, 투서의 부당성 등을 지적하면서 여러 세력 간에 대타협을 성사시켜 보려고 피나는 노력을 경주했으나 랭던의 두 가지 조건을 성취시키는 데는 큰 성과를 거두지 못했다.

1942년 4월 미국을 방문한 중국 국부군의 외교부장 송자문 宋子文은

---

[70] 랭던(William Russel Langdon) : 1894년에 태어난 직업 외교관. 1933년~1936년까지 서울주재 미국 총영사를 지냈으며 1936년~1937년까지 만주 심양에서 1938년 ~1941년까지 일본 동경에서 근무했다. 1941년 6월부터 미 국무부 본부에서 근무했다. 태평양전쟁 기간 중에는 중국·곤명에서 근무한 바 있는 한국 통이자, 아시아 통으로 종전 직후에는 주한 미군사령관 정치고문, 미소공동위원회 미국 측 대표 역임함.

한국문제에 관한 이른바 송 비망록Soong memorandum 을 루즈벨트 대통령에게 제출하였다. 그 내용은 한인들을 무장시켜 첩보·게릴라 등 적후공작을 수행시키며 시기가 올 때 한국 내로 진출시키는 것이 바람직하다는 것이었다. 그리고 한국인들의 사기를 위해 종전 후 한국의 독립을 약속하자는 것이었다. 그는 또 중국 내에 있는 한인 독립운동을 설명하면서 중경에는 임시정부당과 조선민족혁명당이 있고 중국 북부에는 수천 명의 한국 인민군이 중국군 게릴라와 같이 싸우고 있는데 이 한국인 부대를 중국 정부가 약간 지원하고 있다고 언명하면서 북부 중국 적의 점령지구에서 50,000명의 한국 게릴라부대를 조직하자고 제의하였다. 이에 대한 미 국무부의 견해는 한국인의 무장세력 육성은 찬성하지만 중경의 독립당들은 만주와 기타 지방의 한인유격대와 긴밀한 관련이 없고 당장 한국의 독립을 보장하는 것은 현하 국제관계상 바람직하지 않다는 것이었다.[71]

미 국무부의 이러한 움직임과 병행하여 별도로 합동참모본부 산하에 합동심리전위원회와 합동계획참모부에서도 한국 및 한인을 대상으로 한 심리전을 모색하고 있었는데 이들은 국무부보다 중국 내의 한인 정세에 더 어두워보였다. 이들은 주로 이승만과 한길수의 정보에 의존하여 한국·만주·일본에 대한 선전공세와 정보수집, 전복활동 등을 그 목적으로 설정하였는데 COI에게는 합동참모본부와 공동보조를 취할

---

[71] 방선주, 『미주지역에서 한국독립운동의 특성』 한국독립운동사 연구 제7집. 독립기념관 한국독립운동사연구소, 1993, 504쪽.

것, 이승만에 편향하여 손잡지 말 것, 일본이 승전하고 있는 이 시기에 한국 내에서 전복활동을 획책하는 것을 삼가할 것 등을 요구하였다.

1942년 10월 10일 이승만은 재미한인을 무장훈련시켜 독립적인 한인자유부대를 만들든지 아니면 미국에 편입해 달라고 요청하여 지원자 50명의 명단을 제출하였다고 하나 그 명단은 확인하지 못한 상태이다. 이와 같은 이승만의 끈질긴 요구는 1944년까지 계속됐으나 OSS는 이승만을 통하는 것은 현명하지 못하다고 판단하고 직접 중국에서 한인들을 훈련할 계획이라고 내부 의견을 정리하였다.

전쟁 중 미군의 한인무장 육성 계획을 요약하면 재미한인들이 대동단결과 대타협을 못하면 이승만이나 한길수의 단체들을 이용하지 않겠다는 것이고 한인무장에 대한 관심은 실질적으로 1944년 후반기부터였다는 것이다. 결국 이승만이나 한길수의 계열이 아닌 재미교포들로서 한국 침투공작을 시도했는데 그것이 곧 냅코NAPKO 작전이었다.

실제적 냅코작전의 이승만의 동지회나 한길수의 한중민중동맹 소속 교포는 제외되었다. OSS의 한반도 침투 계획은 1944년 중반 이후부터 본격화되기 시작했다. 이는 OSS가 독일·이탈리아 등과의 전쟁에서 아무런 기여도 하지 못한 상태에서 1944년 실질적으로 전쟁이 종결되자 심각한 위기에 봉착하여 마지막 남은 적국인 일본의 패망에 조직의 운명을 걸게 되었던 것이다. 이에 OSS는 대일전에서 확실한 전과를 세우기 위해 중국 전구에 OSS 활동을 강화시켰고, 특히 한국인을 이용

▼ 이범석과 광복군 제2지대 요원들.

하여 한국·만주·일본 본토 침투를 강력하게 추진하였다.[72]

    이 과정에서 독수리작전과 냅코작전이 추진되었다. 독수리작전의 일차 목표는 첩보수집과 통신망 구축이었다. 광복군 제2지대 등과 연대하여 시도된 이 작전에 참가한 한인들은 적어도 35명 이상이었다. 훈련과 침투준비가 완료된 상황 속에서 OSS의 책임자 도노반이 중국 서안으로 날아가 1945년 8월 7일 김구·이청천 광복군사령관과 면담할 정도였으니 이 작전에 OSS의 기대가 얼마나 큰 것인가를 짐작할 수 있겠

---

[72] 고정휴, 『1920년 이후 미주·유럽지역의 독립운동』, 한국독립운동의 역사 54, 독립기념관, 한국독립운동연구소, 2009. 7. 30., 267쪽.

다. 이로써 임시정부와 OSS 항일 비밀공작이 시작되었고 김구는 '한미간의 공동협력'을 강조하는 임시정부 주석명의 편지를 도노반을 통하여 트루만 대통령께 전달했다. 이 편지를 받은 트루만은 미국 정부가 승인하지 않은 자칭 정부 대표들의 메시지를 OSS가 전달했다고 격노했다고 한다.

광복군과 OSS의 합작이 이루어진 직접적 계기는 1944년 광복군 제2지대장 이범석 李範奭, 1900~1972이 중국 전구 OSS의 비밀첩보과SI: 첩자접선과 첩보수집 책임자에게 광복군과 OSS의 합작을 제의한 데서 비롯되었다. 이범석은 미국 측에 광복군 대원들을 훈련하여 전략적인 정보를 수집할 것을 제의하였으며 이러한 계획을 통하여 한반도에 대한 첩보침투뿐만 아니라 일본 본토에 대한 침투도 가능할 것으로 보았다. 이때 이범석이 교섭을 벌인 이는 중국 전구 OSS의 비밀첩보과SI 싸전트 Clycle. B. Sargent 대위였다.

이들은 여러 차례 만나 OSS와 광복군의 합작을 합의한 결과 일본군에서 탈출한 한인 청년들을 미국이 훈련시켜 대일전에 투입하려는 계획을 수립하였다. OSS는 전략상 비밀 첩보원들이 일본으로 침투하는 기지로 한반도를 중시했으며 이는 미국이 일본의 한반도에서의 군사활동에 대한 전략전술이 첩보 차원에서 매우 단편적이고 부적절하다고 인식하고 있었기 때문에 광복군과 OSS의 합작이 급진전될 수 있는 계기가 되었던 것으로 보인다.

그래서 OSS에서는 일제에 의해 중국전선에 끌려갔다가 탈출한 한인 청년들과 중경임시정부를 찾아온 학병 출신에 주목했다. 예를 들면

▼ 이범석과 광복군 제2지대 요원들.

1944년 1월 학도지원병으로 일본군에 징발되어 버마전선에 투입되었다가 일본군을 탈출하여 영국군에 투항한 학병 출신 박순동 등 3명이 OSS에 인도되어 냅코작전에 동참했으며 일제의 학병으로 중국전선에 나갔다. 광복군으로 탈출한 장준하張俊河, 김준엽金俊燁 등도 훈련 중이었으나 일본이 패망하여 임무가 종결되었다. 이들을 주목한 이유는 한국 국내를 떠난 지 얼마 되지 않았고 일본군에 복무했기 때문에 정보원천으로서의 가치가 매우 높았기 때문이다. 이렇게 하여 한국인을 첩보원으로 활용하겠다는 OSS의 구체적인 계획이 중국 전구에서는 중경 임시정부의 광복군과 연계한 독수리작전Eagle Project으로 그리고 워싱턴 본부에서는 냅코작전으로 구체화된 것이다.

PART **07**

유일한과 OSS의 냅코작전

냅코작전이란 재미한인을 이용하여 한국 내에 특수공작원을 침투시키고 궁극적으로는 일본 본토까지 침투시켜 대일전에서 확실한 전과를 세우기 위한 OSS의 작전 계획이다. 이 작전의 입안자는 버마에서 101지대[73]를 만들 때부터 가동되었다. 그러니까 OSS는 1942년부터 재미한인들이 줄기차게 요구한 한인 게릴라부대 창설 요구에 주목하고 있으면서 1942~1944년간에 버마지역에 파견되어 일본 침투작전을 시도했던 101지대의 실전 운용경험과 핵심요원을 확보하고 있었다.

---

[73] 101지대 : COI가 창설한 최초의 특수작전부대이다. 아이플러(Carl. Eifler) 소령이 책임자인 101지대는 원래 중경에 들어가 정보수집, 한국침투 등 특수작전을 계획했지만 장개석과 주중미군 사령관 스틸웰의 반대로 중국 대신 버마 산중에 들어갔다. 이 101부대는 버마와 중경을 오가면서 OSS 활동을 벌였다.

그리고 더 중요한 것은 언제라도 한국독립을 위해 목숨을 버릴 수 있는 각오로 가득한 재미한국인들이 있다는 것이다. 냅코작전은 잠수정이나 낙하산을 통하여 한반도에 침투하여 첩보수집, 무선망 설치, 파괴공작을 펼치는 것을 임무로 삼았다. 냅코작전의 입안자인 아이플러 Eifler 의 회고에 의하면 10개 팀이 한국에 침투되며 그 중 7개 팀이 성공하고 3개 팀은 체포될 것으로 예상했다고 한다.

1942년부터 재미한인들이 줄기차게 요구한 한인 게릴라부대 창설 요구와 버마 101지대의 실전 운용경험과 핵심요원 아이플러, 장석윤의 확보 그리고 언제라도 한국독립을 위해 목숨을 내놓을 각오로 가득 찬 재미한인 등 네 박자가 맞아 떨어져 결국 미국 본토에서 냅코작전의 출범을 가능케 하였다.

버마의 101지대에서 활동하던 아이플러 Carl. Eifler 는 1944년 6월 워싱턴으로 소환되었고 장석윤 張錫潤[74] 역시 1944년 7월 워싱턴으로 향하던 시점에서 OSS의 부책임자 굿펠로우는 1944년 7월 22일 OSS가 한인을 훈련시켜 공중 혹은 잠수함으로 한국에 침투시킬 방안을 모색하자고 도노반에게 제안했다.[75] 굿펠로우의 제안은 냅코작전에 핵심적인 적진 침투방법이었다. 냅코작전이 본격화될 수 있었던 것은 장석윤이 당시 위스콘신주 맥코이 MCCOY 포로수용소에 들어가 한인 공작원

---

[74] 장석윤(張錫潤, 1904~2004) : 강원도 횡성 출신. 독립운동가 겸 정치인. 임시정부 광복군의 COI, OSS 훈련에 참여. 해방 후 3·4대 민의원, 제7대 내무부장관을 지냄.

[75] 「트루만 기념도서관의 한국 현대사 자료」, 『建大史學 9집』, 1997, 119~120쪽.

의 명단을 확보하고 대강의 계획을 수립하면서부터였다. 맥코이수용소에는 사이판, 괌 등지에 포로가 된 한인 노무자 100여 명이 수용되어 있었다. 장석윤은 포로수용소장의 양해하에 1944년 11월 30일부터 40여 일간 한국 관련 정보와 공작원을 선발하는 임무를 띠고 김의성金義城이란 가명으로 수용소에 잠입하여 정보를 획득했다.

1945년 2월 26일 아이플러가 도노반에게 보고한 장석윤이 제시한 침투지구와 공작원 후보는 다음과 같다.

진남포-원산 침투 후 평양, 서울로 향하는 제1지구Area1 양양지역의 제2지구, 황해에서 수로를 타고 서울 침투가 쉬운 제물포지구인 제3지구, 제4지구인 목포지구 그리고 맥코이 수용소 내에 반일의식이 투철하고 각 지구별로 지형을 잘 아는 인물로 6명의 후보를 천거했다. 아이플러는 장석윤이 은밀히 추진한 한인 노무자 포로를 활용하는 방안을 모색하는 한편 재미한인 중에서 적절한 인물들을 한반도 침투공작에 투입하기 위해 접촉을 시도하고 있었다.

한편 굿펠로우는 미네소타주 군용어학교軍用語學校에 지원할 명단을 제출한 바 있는데, 이 중에 박기벽朴基闢, 이태모李泰模, 변일서邊日曙, 최창수, 함용준 등 냅코작전과 독수리작전 등에 투입될 한인 대상자들이 들어있었다.

1944년 9월 미군에 입대하고 있던 변일서와 이태모를 냅코작전을 추진 중이던 야전침투훈련부대FEU 에 배속시킨 것을 필두로 정확한 후보 명부가 작성되기 시작되었고 대상자에 대한 접근이 정교하게 이루어졌다. 아이플러는 1944년 11월 4일 야전침투훈련부대FEU 가 활용할 수 있는 한인 후보자 명단을 작성했는데 여기에는 유일한, 최진하, 이초, 이근성, 김강, 하문덕, 차진주 등 냅코작전에 투입될 사람들뿐만 아니라 중국 독수리작전에 투입될 서상복, 이경선도 후보자로 포함되었다. 또 냅코작전에 직접 참가할 한인 요원은 유일한 등 19명인데 약력과 활동내용에 상세히 기록되어 있다.

> 유일한柳一韓, Ilhan New : 1896년생 기혼, 자녀 2명, 미국시민, 미시간대학 학사, 경영학석사, 제약회사 운영, 고려경제연구회 운영, 징집 후 곧바로 FEU 배속, 특별훈련소 수료1945년 2월 2일~4월, 1945년 9월 11일 OSS 제대

이하는 생략한다.

냅코작전에 가장 먼저 직접 참가한 한인요원들은 101지대 출신으로 한국 침투작전의 시말을 정확히 알고 있는 사람은 특수공작의 베테랑이 된 장석윤 등이었고, 다음은 미군에 입대해 있던 한인 병사들이었다. 그리고 군용어학교 출신인 변일서, 이태모 등이며 1945년 1월에 참가한 유일한, 김강, 변준호, 이근성 등 재미 한인사회의 중추적인 인물들이었다. 이들은 대부분 민간 출신으로 40대를 넘은 중년의 나이였으며 재미 한인사회의 지도자 급에 해당하는 인물들이었다.

냅코작전이 작성되었던 1945년 3월의 시점에서 보면 19명중 재미 한인 출신 10명 장석윤, 유일한, 변일서, 이태모, 이초, 차진주, 박기벽, 김강, 변준호, 이근

성 등과 맥코이 포로수용소에서 공작원 후보 선발대상자 6명 중 이종홍만이 투입 대상에 올랐다. 이들은 서울 침투를 목적으로 하는 아이넥조 Einec Mission: 유일한, 이초, 변일서, 차진주, 이종홍 와 진남포 평양침투를 목적으로 하는 차로조 Charo Mission: 이근성, 김강, 변준호 로 구성되었다.

1945년 5월에는 한인포로 6명이 냅코작전에 투입되었는데 이들 중 3명은 황해도 출신으로 맥코이 포로수용소 출신인 김필영, 김현일, 이종홍이었으며, 이들은 황해도로 침투하여 구월산으로 들어가는 무로조 Mooro Mission 에 배당되었다. 이들 6명은 모두 노무자 출신이었지만 생사의 격전장에서 간신히 살아남아 포로가 되었다가 또다시 일제에 대항하는 특수부대의 참전을 자원한 것이다.

또 1944년 1월 학도병으로 일본군에 징발되어 버마전에 투입되었다가 1945년 3~4월 일본군을 탈출하여 영국군에 투항한 학병 출신 3명 박순동, 박형무, 이종실이 OSS에 인도되어 같은 해 5월 24일 냅코작전에 동참하였다. 이들 3명은 이태모와 1개 조를 이루어 전남 벌교를 통하여 침투할 계획이었다. 또 일제 학병으로 중국전선에 투입되었다가 광복군으로 탈출한 장준하 張俊河, 김준엽 金俊燁 은 훈련 중 일본이 패망하여 임무가 종결되었지만 이들 역시 조국애와 애국심은 누구에게도 뒤지지 않았다.

1945년 5월 박순동 등 일본군에서 탈출한 학병의 심문과 통역을 담당했던 최창수도 냅코작전에 합류하였으며 이어 OSS 출신인 하문덕은 이근성, 김강, 변준호와 함께 함경남도 침투를 목표로 한 차모조 Chamo Mission 를 담당하게 되었다. 이 차모조는 앞에서의 차로조가 전환

된 것이다. 마지막으로 냅코작전에 정식 입대한1945.6.4. 사람은 대한인 국민회 회장을 역임한 재미 한인사회의 지도자로 이미 50대 초반을 넘긴 최진하崔鎭河였다. 최진하는 1890년 평양 출신으로 1916년 미국으로 이주하여 라살La Salle 대학 통신 강좌 4년, 국민회 회장 10년, 유한실업회사에서 세일즈맨 겸 회계원으로 동양식품 운영, 1945년 6월 4일 OSS, FEU에 입대하여 교관 겸 조사관으로 복무하였으며 1945년 9월 18일 OSS를 제대했다. 이는 재미 한인사회에서 존경받는 인물이었다.

이상과 같이 냅코작전에 참여한 한인들을 연령별로 분류해보면 20대 3명, 30대 8명, 40대 6명, 50대 2명유일한, 최진하이며, 미혼이 6명, 기혼이 13명이었다. 유일한이 조장인 아이넥조Einec Mission 는 서울 침투조인데 이 조는 주로 경제상황과 일본군 부대의 주둔 위치를 보고 하는 것이 주 임무였다.

결국 냅코작전은 1942년 중국을 우회한 한국 침투작전 계획에서 출발하여 1942~1944년 101지대의 활동경험을 통하여 1944~1945년 초에 본격화된 것으로, 특히 장석윤이 맥코이 포로수용소에서 얻은 정보와 공작원 확보 및 학병탈주자 등의 합류로 구체화된 것으로 볼 수 있다. 이 작전에 투입된 한인들은 강도 높은 훈련을 받았으며 훈련 장소는 샌프란시스코 연안의 산타카탈리나 섬이었다. 이들은 외부와 격리된 채 고된 유격훈련, 무선훈련, 폭파훈련 등을 3~4개월 동안 받았다.

OSS는 이들을 LA와 샌프란시스코 등지에 실제로 가상 침투훈련을 시키기도 하고 침투용 잠수정을 제작하였으며 목포, 구월산 등을 침투 대상 지역으로 선정한 미 해군은 한국 삼천포 인근에서 조업 중인 한인

어부 3명을 납치하여 지형과 정세 정보를 파악하기까지 하였다. 이들은 모두 훈련을 끝낸 후 출발 명령만 기다리고 있었다.

그러나 독수리작전을 추진하고 있는 OSS 중국지부는 한국 선점의 공을 냅코팀에 빼앗길까봐 내심 불안해하고, 또 만약 냅코작전의 실패로 인하여 독수리작전에 차질을 빚을까 우려했다. 또한 냅코팀이 중국을 통하여 함경남도로 침투하기 위해서는 OSS 중국과 중국전투지구 사령부의 협조가 필요했지만 이 역시 관할권을 둘러싼 이견으로 쉽게 해결되지 못하였다. 또 다른 하나의 문제는 태평양에서 잠수함으로 한반도를 침투할 경우 태평양을 관할하는 태평양함대의 도움이 필요한데 여기에도 상당한 시간이 소요되었다.

니미츠 제독이 잠수정을 타고 한국으로 침투할 예정이었으나 모든 준비가 완료되고 실제 전투훈련까지 마친 상태에서 일본이 패망하여 이들의 임무도 종결되고 말았다.

결론적으로 미국 본토의 OSS 당국에서는 냅코작전을 추진했고, OSS의 중국지부는 광복군을 이용한 독수리작전을 추진하였다. 만약 전쟁이 그렇게 일찍이 끝나지 않았다면 유일한의 조직망과 서울의 한 무역회사의 조직망을 통한 지하조직이 생겼을 것이며 냅코작전이 가동되었으면 곧 뒤따라오는 광복군의 독수리작전으로 한반도에 일본군을 몰아내는 데 주도적 역할을 할 수도 있었을 것이다. 마치 프랑스 레지스탕스 운동과 흡사한 양상이 전개될 가능성을 점치고 있던 백범 김구는 일본의 항복 소식을 듣고 무릎을 치며 통분해하였고 유일한 역시 이를 크게 개탄했다. 그러나 이들이 불굴의 용기와 애국심으로 참여했던 냅코작전과 독수리작전은 일의 성패를 불문하고 한국 독립운동사에 길이 빛나게 될 것이다.

▼ 귀국 후 촬영한 가족 사진(1946).

참고서적

- 정병준, 『광복직전 독립운동 세력의 동향』, 한국독립운동사 편찬위원회, 독립기념관 한국독립운동사연구소, 2009년
- 정병준, 『한국 독립운동의 역사 56권』, 한국독립운동사 편찬위원회, 독립기념관 한국독립운동사연구소, 2009년
- 유일한 전기 편집위원회, 『나라사랑의 참 기업인 柳一韓』, 동아출판사, 1995년
- 이현희, 『대한민국 임시정부사』, 집문당, 1982년
- 박걸순, 『독립운동계의 3만 정순만』, 경인문화사, 2013년
- 연세대학교 국학연구원, 『미주 한인의 민족운동』, 혜안, 2003년
- 안형주, 『박용만과 한인소년병학교』, 지식산업사, 2007년
- 김구, 『백범일지』, 도진순 주해, 도서출판 돌베개, 1997년
- 정병준, 『우남 이승만 연구』, 역사비평사, 2005년
- 이현희, 『유일한의 독립운동연구』, 동방도서, 1995년
- 유한 50년 社史 편찬위원회, 『유한50년』, 광명인쇄공사, 1976년
- 정병준, 『이승만의 독립운동론』, 역사비평사, 2000년
- 김광제, 『한국광복군 관련 자료집』, 한국독립운동사 편찬위원회, 독립기념관 한국독립운동사연구소, 2007년
- 김광제, 『한국 독립운동의 역사 52권』, 한국독립운동사 편찬위원회, 독립기념관 한국독립운동사연구소, 2007년

- 독립기념관 한국독립운동사연구소, 『한국독립운동사 사전 총론편 (하)』, 독립기념관 한국독립운동사연구소, 1996년
- 한국독립운동사 편찬위원회, 『1910년대 국외항일운동 Ⅱ』, 한국독립운동사 편찬위원회, 독립기념관 한국독립운동사 연구소, 2008년
- 한국독립운동사 편찬위원회, 『한국 독립운동의 역사 17권』, 한국독립운동사 편찬위원회, 독립기념관 한국독립운동사 연구소, 2008년
- 고정휴, 『1920년대 이후 미주·유럽지역의 독립운동』, 한국독립운동사 편찬위원회, 독립기념관 한국독립운동사연구소, 2009년
- 고정휴, 『한국 독립운동의 역사 54권』, 한국독립운동사 편찬위원회, 독립기념관 한국독립운동사연구소, 2009년

논문

- 방선주, 「미주지역에서의 한국독립운동의 특성」, 『한국독립운동사 연구 제7집』, 독립기념관 한국독립운동사연구소, 1993년
- 「이승만이 굿펠로우에게 보낸 비망록(1942.10.10.)」, 『한국독립운동사 자료집 25집』, 국사편찬위원회, 1994년
- 조영렬, 「트루만 기념도서관의 한국 현대사 자료」, 『建大史學 9집』, 1997년
- 김도훈, 「1910년 전후 미주지역 공립협회·대한인국민회의 민족운동연구」, 국민대학교 박사학위 논문, 2003년
- 한시준, 「1940년대 전반기 독립운동의 특성」, 독립기념기관 한국독립운동사연구소, 1996년
- 한시준, 『한국독립운동사 사전 총론편(하)』, 독립기념기관 한국독립운동사연구소, 1996년
- 정병준 해제, 『NAPKO Project of OSS: 재미 한인들의 조국 정진계획』, 국가보훈처, 2001년

기관지

- 『신한민보』, 1917. 10. 24, 1942. 2. 29., 1942. 3. 12-26.
- 「태평양주보」, 1941. 3. 22., 2941. 3. 29.

사진출처

- 안형주, 『박용만과 한인소년병학교』, 지식산업사, 2007년
- 유한 50년 社史 편찬위원회, 『유한50년』, 광명인쇄공사, 1976년
- 김광제, 『한국광복군 관련 자료집』, 한국독립운동사 편찬위원회, 독립기념관 한국독립운동사연구소, 2007년

민족 기업인 유일한은 독립운동가였다